LE MAL

ET

LE REMÈDE

APHORISMES SOCIAUX

PROFESSION DE FOI

DE

RAMON DE LA SAGRA

CORRESPONDANT DE L'INSTITUT DE FRANCE
(Académie des Sciences morales et politiques.)

« J'ai souffert et gardé le silence pendant dix ans :
maintenant...... *jugez-moi.* »

PARIS

CHEZ L'AUTEUR, 186, RUE DE RIVOLI

ET CHEZ LES PRINCIPAUX LIBRAIRES.

1859

LE MAL

ET

LE REMÈDE

APHORISMES SOCIAUX

PROFESSION DE FOI

DE

RAMON DE LA SAGRA

CORRESPONDANT DE L'INSTITUT DE FRANCE

(Académie des Sciences morales et politiques.)

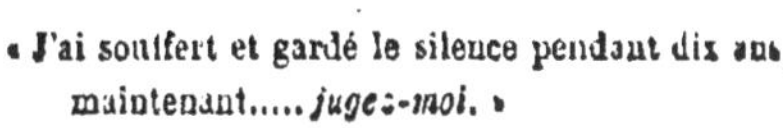

« J'ai souffert et gardé le silence pendant dix ans
maintenant..... *jugez-moi.* »

PARIS

CHEZ L'AUTEUR, 186, RUE DE RIVOLI

ET CHEZ LES PRINCIPAUX LIBRAIRES.

1859

Typographie RENOU et MAULDE, rue de Rivoli, 144.

A MESSIEURS LES MEMBRES DE L'ACADÉMIE DES SCIENCES MORALES ET
POLITIQUES DE L'INSTITUT IMPÉRIAL DE FRANCE.

ILLUSTRES COLLÈGUES,

Vous avez condamné mes principes. — Votre jugement a contribué à
me rendre victime de la calomnie et du malheur. J'ai souffert et gardé le
silence pendant dix ans ; maintenant..... *jugez-moi.*

Votre respectueux Collègue,

RAMON DE LA SAGRA.

INTRODUCTION

I.

Deux faits, en apparence inconciliables et nonobstant réels, se sont présentés dans la dernière période de notre vie, et résument son histoire : d'une part, notre existence laborieuse, entièrement consacrée à de graves études pour le progrès moral et physique de l'humanité en général et de notre patrie en particulier ; d'autre part, à l'égard de ces études, le dédain de tous les cabinets qui, en Espagne, se sont succédé au pouvoir depuis près de vingt ans, leur occulte hostilité contre nous et l'abandon final où ils nous ont laissé.

La raison ne pouvant expliquer la cause d'un pareil fait, il faut la chercher dans les passions politiques, hostiles trop souvent aux lois de la justice.

Notre péché originel, dont l'expiation durera toute notre vie, consiste dans l'indépendance de notre pensée à l'égard des divers partis politiques qui osèrent se prétendre l'expression de l'opinion générale pendant l'époque à laquelle nous venons de faire allusion. L'indépendance de notre raison, soutenue par de persévérantes études, nous empêcha toujours de devenir l'esclave de principes dont l'erreur nous était manifeste. Oubliant à notre égard leur *credo* philosophique, nos adversaires, ces apôtres de l'émancipation de la pensée humaine et de l'indépendance absolue de la raison, ne nous ont jamais pardonné l'indépendance de la nôtre à l'égard de leurs doctrines. Semblables aux tyrans, qui n'admettent la liberté que pour eux seuls, les libéraux veulent étouffer toute voix qui n'est pas à l'unisson de la leur.

Dans un exposé fait récemment à S. M. la reine d'Espagne, au sujet du silence inexplicable de son ministère relativement à la conclusion de notre grand ouvrage sur l'île de Cuba, nous disions entre autres choses « que la situation où nous avaient laissé ses divers cabinets, à moins d'être et lâchement et honteusement acceptée par nous, nous forçait à comparer avec nos précédents, nos écrits et nos doctrines, celles des hommes des divers partis qui nous avaient été hostiles d'une manière occulte, et qui nous ont conduit à l'état déplorable contre lequel, et à la fin de tant d'années de souffrances, nous nous révoltions avec autant de justice que de dignité. Alors, disions-nous, on comprendra comment des principes éminemment conservateurs de l'ordre social et des maximes essentiellement régénératrices, ont pu être présentés comme dangereux ou nuisibles, jusqu'à les faire déclarer tels par les mêmes hommes qui devraient les défendre et les protéger ; alors on connaîtra combien l'inexactitude et l'injustice des appréciations peuvent dépendre de l'aveuglement des partis et de la malignité inhérente aux débats ; alors enfin on pourra résoudre le problème mystérieux du rapport qui a existé entre les idées de l'auteur de l'ouvrage de Cuba, comme publiciste, et les obstacles et les interruptions que la publication en a soufferts, les préjudices que ce retard lui a causés et la ruine de sa carrière scientifique (1). »

Mais un pareil travail, qui devrait contenir l'exposition des principes des divers partis politiques qui ont gouverné notre malheureux pays, exigeait de notre part un temps et un loisir qui nous manquent. Le simple exposé de nos idées, par rapport à celles des hommes politiques qui nous ont été hostiles, était déjà un travail difficile et compliqué, surtout si, pour ne pas effrayer le lecteur, on voulait le faire en peu de mots.

Heureusement il existait déjà, parmi nos publications, un travail qui, corrigé et complété, pouvait

---

(1) Exposé à S. M. du 28 juin 1858, imprimé en espagnol et en français, et qui n'a pas obtenu la moindre réponse.

offrir le double caractère demandé de généralité et de concision : je veux parler des APHORISMES SOCIAUX, ou résumé des principes que nous avions développés en 1844 dans une *Revue* espagnole peu connue, et contenant déjà des doctrines contraires à celles des partis politiques dominants.

II.

Mais nos *Aphorismes sociaux* n'ont pas été le premier exposé du résultat de nos études sur l'état actuel de la société. Dès que nous terminâmes la période de notre carrière que nous appellerons scientifique, ayant été exclusivement consacrée à des recherches de ce genre à l'île de Cuba, nous nous élevâmes de l'étude des lois générales de la nature à celle de l'homme social, considéré sous le double rapport de son existence matérielle et intellectuelle. Ce travail comprenait naturellement l'examen des institutions sociales, que nous avons tâché d'apprécier en Amérique et en Europe (1).

Dès nos premiers pas dans cette nouvelle carrière, nous nous aperçûmes des choquantes contradictions qui existaient entre les *moyens* et les *tendances*, les

---

(1) A cette période se rapportent nos ouvrages sur les institutions de bienfaisance, les écoles et les prisons des États-Unis, de la Belgique et de la Hollande; nos *Leçons* d'Économie sociale données à Madrid en 1839 et quelques mémoires, outre la *Revue* citée.

faits et les *lois*, en un mot entre ce qui *était* et ce qui *devait être*.

Nous exprimâmes cette conviction dans le premier ouvrage que nous publiâmes en Europe sur les institutions philanthropiques de l'Amérique du Nord. En effet, on y lit :

« Au milieu de cette étonnante confusion que les hommes impartiaux et prévoyants ne sauraient nier, on connaît les principales causes du mal et de cette plaie de démoralisation qui ronge les peuples les plus civilisés et les plus instruits; on aperçoit la lumière du phare qui brille dans les ténèbres de la tempête, mais on craint d'annoncer le port de salut, car son saint abri a été profané. La fureur des réformes ne se contente pas d'abattre tout ce qui est fondé par l'homme, elle attaque aussi le sanctuaire de la Divinité, et le *nom* qui devait servir d'asile et de rempart pour régénérer une société démoralisée, résonne de diverses manières aux oreilles de la multitude (1). »

Nous nous plaisons à citer ce passage en réponse aux calomnies dont nous avons été victime; il prouve que déjà, à cette époque reculée, lors de nos premiers pas dans la carrière d'écrivain moraliste, source de tant d'amertumes pour nous, nous regardions déjà la *réforme sociale* sous son véritable et salutaire point de vue. « Je ne parle pas, disions-nous dans l'intro-

______

(1) *Cinq Mois aux États-Unis de l'Amérique du Nord.* Paris, 1836.

duction de ce premier ouvrage, je ne parle pas de la réforme politique et administrative, objet de la révolution actuelle de ma patrie, et envisagée de diverses manières par les partis qui déchirent son sein. Le but que je me propose dans ce livre, c'est de recommander l'*éducation* primaire et la *réforme morale* du peuple espagnol, réforme dont l'importance est sentie par tous les esprits ; car, en luttant sans cesse contre la démoralisation à mesure que l'on avance dans le sentier des améliorations, il faut commencer par le commencement, si l'on veut bâtir avec solidité. »

Deux années plus tard, allant à Madrid, nous avons été frappé « des tableaux de désolation que nous voyons dans notre pays, et du caractère noble, résigné, honnête de ceux qui étaient les victimes. Cet abandon du peuple, qu'on croirait condamné à toute une existence de supplices et de misère ; la prévision de maux plus grands encore dans l'avenir, si les progrès du vice alimentent l'immoralité et l'irreligion des classes nécessiteuses ; tout cela fit sur nous une impression profonde et toute contraire à celle que nous aurions pu attendre. Au lieu d'éprouver alors un sentiment de répulsion, nous nous sentîmes et nous nous sentons encore attiré, plus que jamais, aux intérêts de notre patrie ; et la patrie, pour nous, c'est une mère ! On l'aime d'instinct dans l'enfance ; on l'idolâtre dans la jeunesse, alors surtout qu'on la voit accablée sous le poid du malheur. — En présence de tant d'infortunes, nous entendions, pour ainsi dire, ses cris et ses gémissements; alors, nous fîmes serment de consacrer à son service toutes nos forces, toutes nos facultés, et de nous joindre aux hommes dévoués pour sa cause (1). »

Un peu plus tard, quand nous présentions dans l'*Athénée* de Madrid l'affligeant tableau de la société moderne, tout en partageant l'erreur de croire que c'était à la démocratie éclairée, unie au gouvernement, qu'appartenait la mission de régir les intérêts humains, nous nous plaignions de la *barbare destruction des croyances religieuses et des mœurs vénérables antiques, opérée par la hache révolutionnaire;* nous trouvions, dans le défaut d'*éducation religieuse,* la *cause la plus puissante et la plus active de la misère des classes ouvrières, des vices des sociétés modernes et des crimes qui remplissent les prisons* (2).

Parcourant en 1843 la Belgique, la plume à la main, pour faire partager à nos compatriotes nos impressions et nos observations, nous émettions déjà les idées capitales que nous développâmes plus tard sur l'anéantissement de l'ancien respect à l'autorité. *Toute autorité embarrasse,* écrivions-nous, *tout pouvoir est réputé tyrannique devant une intelligence qui se proclame libre. Où est la cause de cet état de choses qui*

---

(1) Voyage en Hollande et en Belgique. — Paris, 1839. — *Introduction.*

(2) *Lecciones de Económia social.* Madrid, 1840, p. 20.

tend à faire la liberté compagne de l'anarchie, et rend impossible l'ordre sans la force? — Nous déclarant adversaire de celle-ci, nous ajoutions cette prédiction : *Elle se fera obéir, tant qu'elle le pourra, et, avec son aide, il y aura un ordre passager dans les sociétés; mais l'intelligence, restant libre, tendra toujours à se révolter et produira l'anarchie. D'où nous concluions que l'époque du règne de la liberté unie à l'ordre, ne paraissait pas encore dans l'horizon de l'humanité* (1).

Pendant la période orageuse de 1848 et 1849, les esprits les plus calmes furent saisis souvent, peut-être à leur insu, de la fièvre contagieuse de la discussion. Elle nous atteignit; mais, tout en voulant fixer la locomotive révolutionnaire sur la voie économique, afin d'empêcher son éclat, nous ne cessions pas de recommander l'idée morale comme la base de toute réforme, comme la condition *sine qua non* de tout progrès réel, de toute amélioration désirable. Nos écrits d'alors, condamnés sans examen ni discussion, sont là pour témoigner de la tendance morale de nos doctrines.

Ainsi, disions-nous, par exemple, nous rapportant à la politique suivie par l'Espagne, les paroles suivantes :

« Par la raison même qu'il s'est maintenu plus isolé

---

(1) Lettres imprimées dans les journaux de Madrid et publiées ensemble en 1844 sous le titre *Notas de Viaje.*

que les autres peuples du contact dangereux d'une civilisation corruptrice, il a moins à en subir les conséquences et il aura moins d'obstacles à vaincre pour parvenir à la conquête d'un ordre fondé sur la justice.

« Mais malheureusement nous voyons toujours notre pays suivre la marche imitatrice des erreurs de ses voisins : nous l'observons depuis longtemps dans cette voie forcée et étrangère à ses sentiments.

« Quoiqu'il forme une exception en dehors des peuples qui ont franchi les digues de l'ancienne autorité et qui s'arrêtent dans le bourbier de l'anarchie, faute de connaître la base qui doit remplacer le vieux système anéanti ; quoiqu'il se soit sauvé, comme par miracle, de la période matérialiste qui suit inévitablement la protestation religieuse, nos hommes d'État de tous les partis n'ont pas su tenir compte de cette remarquable différence. pour diriger la nation espagnole vers le terme du progrès réel, en franchissant d'un bond les abîmes de l'anarchie.

« Toutes les fois que nous avons essayé d'établir ces différences caractéristiques et favorables à la marche du peuple ibérique vers l'avenir providentiel destiné à l'humanité, nous avons été ou rejetés avec dédain, ou repoussés avec haine. L'indépendance de nos doctrines nous a complétement isolé de tous les partis ; et dans cet isolement, nous ne jouissons même pas de la paix que procure l'oubli, car nous sommes devenu victime de craintes injustes et de préventions funestes. »

(Articles, les *Partis en Espagne*, publiés à Paris dans quelques numéros d'avril et mai 1849 de la *Tribune des Peuples.*)

III.

Le développement successif de nos études nous avait ainsi conduit à considérer les problèmes sociaux d'un point de vue différent du point de vue ordinaire, et que malheureusement ne partageait pas le corps illustre qui nous avait fait l'honneur de nous associer à ses travaux. Depuis 1845, nous lui avons communiqué quelques-unes de nos observations, qui d'abord parurent exciter ses sympathies; en 1848, nous lui adressâmes un travail au sujet de la demande de concours faite par le chef du pouvoir exécutif, *persuadé* qu'il était *qu'il ne suffisait pas de rétablir l'ordre matériel au moyen de la force, si l'on ne rétablissait pas l'ordre moral à l'aide d'idées vraies* (1).

Quoique simple membre correspondant, nous osâmes offrir à l'Académie notre contingent d'idées dans le concours ouvert pour formuler les conditions irrécusables de l'*ordre*; car le problème ne concernait pas seulement la France, mais le monde entier. Notre

____

(1) Séance extraordinaire de l'Académie des sciences morales et politiques, 17 juin 1848. — Bulletin des comptes-rendus, septembre, pag. 228.

travail portait le double titre de : *Mon contingent à l'Académie; Mémoire sur les conditions de l'ordre et des réformes sociales.* Nous tâchâmes de démontrer la cause essentielle de l'anarchie moderne, les contradictions funestes qu'elle engendrait et le besoin urgent d'abandonner la fausse route qui y avait conduit. Le résumé de nos réflexions se trouvait dans les conclusions suivantes :

« L'anarchie résultant de la lutte entre les idées progressives et les conditions sociales qui constituent l'ordre actuel; cette anarchie, dont nous venons de développer les causes et les effets, produit aussi des embarras insurmontables pour la constitution de l'ordre actuel; cette anarchie dont nous venons de développer les causes et les effets, produit aussi des embarras insurmontables pour la constitution de l'ordre. Partout on s'aperçoit des tendances des esprits vers une situation meilleure; partout surgissent des projets de réformes, comme des aspirations soudaines vers les améliorations désirées : mais comme le mal est plus connu par *ses effets* que par *ses causes*, c'est vers les premiers que penchent tous les moyens proposés.

« Ayant étudié les résultats de ces remèdes sur le corps social, nous avons pu constater leurs mauvais effets, et nous les avons attribués à l'ignorance des causes. C'est d'après ces principes que nous nous sommes déclaré adversaire théorique de toute réforme dans l'ordre économique, indépendante de la réforme que réclame l'ordre moral; c'est d'après ces principes que nous nous sommes montrés également contraire aux tendances socialistes, aux tendances réformistes des économistes, ainsi qu'aux tendances apparemment pacifiques des conservateurs. A notre point de vue, toutes ces tendances deviennent également anarchiques.

« Et cependant nous voyons des réformateurs, des médecins sociaux surgir partout, même parmi les ennemis des réformes. L'épidémie qu'ils veulent combattre les atteint malgré eux.

« Au milieu de ces réformateurs, nous voyons et nous constatons que parmi les plus instruits, les plus zélés, les plus probes de toutes les écoles, il existe unanimité de tendances dans la diversité des doctrines; nous constatons ces tendances exclusives vers des réformes simplement économiques et administratives, c'est-à-dire dans le cercle restreint de la législation.

« En constatant ainsi le phénomène remarquable qu'offrent les conservateurs et les révolutionnaires, travaillant ensemble, sans s'en douter, pour arriver au même but, nous serions tenté, agissant en fataliste, de nous prosterner devant une incompréhensible et sage Providence, et d'avouer que l'anarchie étant indispensable pour arriver à l'ordre, *tous*, sans exception aucune, concourent au grand œuvre de la démolition finale.

« Cependant nous ne pouvons nous résoudre encore à cet acte passif de résignation aveugle : nous aimons à reconnaître dans la *raison* un pouvoir de lumière assez fort pour dissiper la brume des préjugés. Afin de nous placer au foyer du réflecteur plus énergique, d'où ses rayons puissent irradier sur le monde, nous nous adressons à l'Académie. En effet, et comme nous l'avons dit autrefois : « Le but de son institution, la nature de ses études, l'ensemble de ses connaissances, la haute capacité de ses membres et le pouvoir de son autorité sur l'opinion générale, font de cette Académie le premier corps du monde savant, auquel appartient de *droit* et de *devoir* l'examen de ce problème. » Maintenant nous pouvons ajouter que, sans aucun doute, une pareille conviction a suggéré au pouvoir exécutif l'idée de demander à l'Académie des moyens pour combattre les tendances désorganisatrices de l'époque.

« Nous terminons, Messieurs, par déclarer que nous croyons urgent de commencer la discussion sur la cause de ces tendances qui surgissent partout. Elles appartiennent aux conservateurs et aux démolisseurs ; elles deviennent graves par l'état toujours croissant des souffrances, dont personne ne peut nier la marche incessante et réelle.

• L'ensemble des prescriptions *incertaines*, pour

des *effets réels* de causes *indéterminées*, produit l'ébranlement dangereux des classes malheureuses. Ces classes sont excitées tous les jours par le besoin et l'espérance ; constamment sollicitées par la misère réelle d'un côté, et par la vague perspective du remède de l'autre, elles sont fatalement poussées vers les utopies, dont le premier effet est de mettre en question les intérêts subsistants. Il ne faut qu'un surexcitant dans les besoins, ou qu'une meilleure organisation dans les forces des masses, pour opérer le renversement des intérêts qu'on leur dit être opposés à leur bonheur. Nous croyons avoir démontré que les réformes matérielles ne porteront aucune amélioration fondamentale, réelle, permanente, dans l'ensemble social : il conviendrait donc d'ajourner cette voie pour chercher celle des véritables conditions d'ordre, les seules qui amèneraient l'accord des intérêts de tous, sans précipiter les masses vers la démolition. Alors on mettrait une borne à la dangereuse et menaçante nuée de réformes, en détruisant le principe erroné sur lequel elles reposent ; alors, à l'accord déplorable de tous les esprits supérieurs vers l'anarchie, on verrait succéder le concours puissant de toutes les intelligences vers la réforme rationnelle ; concours nécessaire, concours indispensable, que notre illustre et malheureux confrère, M. de Rossi, parlant comme historien profond et non pas comme homme d'État aveugle, réclamait énergiquement, lorsque,

prévoyant les catastrophes dont il vient d'être victime, il disait, au milieu de nous : « Comme le
fruit de toutes les révolutions, ces faits recèlent dans
leur sein le bien et le mal : un avenir brillant et pros-
père, si tous, publicistes, économistes, législateurs,
fixent sur eux la plus sérieuse attention, d'*incalcula-
bles malheurs si on les néglige!* »

L'Académie refusa d'entendre notre Mémoire. Depuis lors, le vide que nos idées avaient produit autour
de nous ne fit que s'agrandir ; nous le constatons dans
l'Introduction de notre Mémoire publié en février 1849,
en disant que « le refus constant de l'Académie de
discuter nos doctrines n'était que l'expression, faite
par un corps illustre, d'un anathème beaucoup plus
général et plus hostile. — Nous en sommes déjà la victime, ajoutions-nous, car tous nos anciens amis nous
fuient ; une grande partie de nos compatriotes nous
regardent avec crainte; notre gouvernement même,
partageant des préventions injustes contre nous,
semble prêt à nous abandonner et à nous punir.
Encore quelques mois, et nous resterons complétement
isolé. » (p. 18.)

IV.

La punition ne s'est pas fait attendre, car, peu de
temps après, nous fûmes expulsé de France, sous
prétexte que notre présence était *nuisible à l'ordre
et à la tranquillité publique!!!*

Notre gouvernement, partageant sans doute les mêmes craintes, nous refusa toute rémunération pour nos longs services, et nous frappa d'un abandon absolu. Aussi, après une carrière laborieuse, remplie d'études sérieuses, sommes-nous arrivé à n'être *absolument rien* dans notre patrie.

Cette position, patiemment soufferte pendant dix ans de contrariétés et de malheurs, demande une explication. Nous la donnons simplement en publiant le résumé de nos idées dans toutes les branches des études morales et politiques; nous y avons fait allusion dans la lettre que nous écrivions au savant secrétaire, M. Mignet, le 17 décembre 1848, au sujet du refus d'entendre notre Mémoire. « Jusqu'à ce jour, disions-nous, les trois sections d'économie politique, de législation et de philosophie, n'ont pas eu à se plaindre de mes doctrines; c'est seulement la première qui s'est émue de mes attaques contre sa prétendue science (1). Que serait-il donc arrivé si j'avais constaté dans les doctrines actuelles sur le *droit* et dans les maximes sceptiques de la philosophie académique, des causes d'anarchie sociale, plus puissantes encore que celles qui découlent des théories économiques? —Vous me prédisez un orage si *la simple introduction de mes Mémoires* venait à être lue à l'Académie: quel serait,

---

(1) Cela se rapportait au *Mémoire* que nous avions lu vers la fin de 1847, sous le titre de l'*Inexactitude des principes économiques*, etc.

grand Dieu ! celui qui éclaterait sur moi à la lecture des communications subséquentes ! (1) »

Cet orage, nous le bravons aujourd'hui, après dix années de silence et de lutte contre les calomnies qu'on s'est plu à déverser contre nos idées, nos principes et leurs tendances. Ceux de nos lecteurs qui examineront avec impartialité la série chronologique que nous publions, se convaincront que nos idées les plus caractéristiques datent des années 1844 et 1845 ; ils s'étonneront qu'elles aient attiré contre leur auteur une persécution aussi implacable que persévérante de la part des hommes politiques de son pays, qui osent s'appeler les amis de l'ordre et les adversaires de la révolution.

<h3 style="text-align:center">V.</h3>

Un autre fait, moins déplorable, mais très-significatif aussi, c'est le silence presque absolu qu'ont gardé sur nos doctrines les hommes qui nous calomnient en dehors de la presse, malgré de fréquentes occasions offertes pour les réfuter ou les combattre. Exceptons quelques allusions plus malignes que sensées, que les hommes du parti conservateur trouvaient spirituelles ; quelques plaisanteries de mauvais goût, qui allaient au palais des progressistes ; quelques traits de dépit des démocrates ; quelques coups manqués des libre-échangistes ; mais, du reste, jamais le

---

(1) *Mémoire* cité, page 16.

public espagnol ne put prendre part au débat provoqué par nous et nous n'eûmes affaire qu'à des adversaires cachés. Un fait favorisait leur tactique : c'était cette prédisposition, trop commune dans le public, à accepter les appréciations toutes faites, ce qui lui épargne la peine d'en former par lui-même. Aussi admet-il volontiers et avec d'autant plus de facilité une appréciation qu'elle est d'autant plus concise et caractéristique. Une simple épithète, jetée à l'oreille ou intercalée dans la conversation, produit un effet admirable : elle se répand comme la goutte d'huile, dont la tache devient ineffaçable. Ni l'absurdité ni même la contradiction n'empêchent le succès de la calomnie ; le public léger s'en contente, nous en sommes une preuve, car aujourd'hui même on nous gratifie, au delà des Pyrénées, des deux épithètes de *socialiste* et de *néo-catholique*, qui jurent ensemble. Du reste, aucune appréciation absurde, de la part des écrivains légers de notre pays, ne doit paraître étrange, lorsqu'un rédacteur du *Journal des Débats* a osé affirmer que *nous avions proposé sérieusement à l'Académie, que la prison, l'amende et la bastonnade fussent édictées contre tout citoyen qui ne serait pas en état de démontrer mathématiquement l'immortalité de l'âme* (1).

---

(1) *Journal des Débats*, 3 mars 1853. Article sur l'ouvrage de M. Donoso Cortes, intitulé : *Essai sur le catholicisme, le libéralisme et le socialisme.*

En nous décidant à publier cette nouvelle édition des *Aphorismes sociaux*, il devient nécessaire de dire quelques mots de l'histoire de ce recueil.

VI.

La première édition de ces *Aphorismes*, publiée en Espagne en 1844, puis lue à l'Académie des sciences morales et politiques en septembre 1845, contenait incontestablement l'abrégé d'une doctrine dont le double but était de combattre l'élément révolutionnaire au sein des sociétés modernes et d'établir la base morale qu'il était urgent de donner à la société future. Notre opinion s'étayait sur une nouvelle conception des faits sociaux dans les deux périodes passée et présente de l'humanité.

Nous en avions puisé les documents dans la lecture de divers ouvrages, surtout dans ceux, alors inédits, de notre savant et vénérable ami M. Colins. Ces sources donnèrent à notre récit la nuance *rationaliste* qui formait le fond des convictions de nos maîtres et devanciers. Dès-lors, notre ouvrage n'était que le résultat du travail de notre *raison* éclairée par l'*histoire* et par la *science*.

Les livres qui nous avaient guidé dans nos premières recherches étaient incontestablement l'expression la plus avancée du *rationalisme* philosophique, auquel nous avons payé un long et persévérant tribut. Nous avons fait allusion à cette période d'égarement, dans un article récent d'une Revue religieuse espagnole, où nous avouons franchement que « notre intelligence, suivant dans son développement une loi semblable à celle que nous constatons dans la vie de l'humanité, avait parcouru avec une grande vitesse la voie du progrès dans l'ordre matériel, en partageant aussi de la même impétuosité, de la même hardiesse, et en payant à la vanité puérile le tribut de sa véritable ignorance. » (La *Razon catolica*, août 1857, page 61.)

Cette vanité fut de croire que notre raison, guidée seulement par les deux flambeaux qu'elle connaissait, l'*histoire* et la *science*, était capable de découvrir et de démontrer les principes et les fondements de l'ordre moral recommandés dans nos *Aphorismes*. Telle était la conviction profonde que nous partagions alors avec l'homme éminent dont les ouvrages avaient nourri notre pensée.

VII.

Mais, en arrivant à ces limites, que nous croyons pouvoir appeler avec justice les *limites suprêmes du rationalisme*, nous commençâmes à nous apercevoir de leur cachet fataliste et des conséquences absurdes de quelques-uns de ses principes. Ces conséquences étaient, comme on peut les lire dans les ouvrages déjà imprimés de MM. Collins et de Potter, la négation d'une *intelligence Suprême*; la négation de toute *révélation*; la négation de la *sensibilité* chez les animaux; la *réalité* seule des *âmes*; *l'expiation, loi fatale*, inhérente à l'existence réelle des *âmes*, comme les lois physiques à l'existence phénoménale des *corps*; l'inutilité de la *prière*; la perte absolue de la *mémoire* après la mort; la continuation de la *vie d'expiation des âmes* dans une existence future, mais sans lien ni rapport, par elles connus, avec les faits de la vie précédente, etc.

Comme on le voit, malgré leurs graves erreurs, ces doctrines *rationalistes* n'étaient pas *matérialistes*; nous les avions accueillies, par ce motif, comme une planche de salut, en sortant du naufrage de l'ancienne foi religieuse, perdue dans la tempête philosophique de notre jeunesse.

La déclaration précédente ne nous empêchera pas de reconnaître que le *rationalisme* de M. Colins est un de ceux qui offrent la plus grande séduction aux philosophes religieux : car, en reconnaissant la *réalité* et, par conséquent, l'*immortalité des âmes*, l'existence d'une *justice éternelle, sanction inévitable* des actes; une vie d'expiation et de récompense dans la série éternelle de l'existence de l'âme; ce rationalisme tend évidemment à détruire le matérialisme de certaines écoles, et, par cela même, il rentre dans la voie spiritualiste ou religieuse. Mais, lorsqu'on voit M. Colins borner la série des existences à celle des âmes humaines ; que pour démontrer, à sa manière, la *réalité* de ces *âmes*, il se trouve forcé de nier la *réalité* des manifestations sensibles chez l'animal ; lorsqu'on le contemple dans ses immenses ouvrages, faisant des efforts inouïs de raisonnement pour établir la série des existences des âmes, en isolant tristement les périodes par la perte absolue de la mémoire et, par suite, par l'anéantissement de tous les rapports d'affection, de bienveillance, de charité, d'amour enfin, entre les êtres liés par de saintes et mystérieuses sympathies, après avoir dépouillé l'enveloppe matérielle de la misère et de la douleur ; la raison humaine se sent blessée dans ses plus nobles aspirations, et, se révoltant contre les résultats de cette philosophie, finit par la rejeter comme toutes les autres. En faisant ce retour sur elle-même, notre âme demanda à la raison divine un rayon de foi qui l'éclaire et la ramène au sentier des consolantes et sublimes croyances.

VIII.

Ce fut ainsi que, malgré la séduction exercée sur nous par les principes philosophiques de M. Colins, nous sentîmes le vide réel où nous laissaient ces prétendues conquêtes de notre raison, et, dès lors, nous commençâmes à reconnaître que notre intelligence, ayant dépassé les limites fixées par la *haute sagesse*, allait se perdre sans remède. Pour sortir d'un pareil état, nous eûmes recours au puissant moyen que nous avions négligé et même condamné.

L'inutilité des efforts de notre raison pour trouver seule la vérité nous donna la conviction de notre vanité. Il ne nous resta donc d'autre chemin que la *prière*, et nous avons prié, oui, humblement prié !

Mais la Providence divine n'a pas voulu, sans doute, que ce retour de notre part au vrai sentiment religieux fût obtenu sans épreuves ; car c'est avec cette période de réaction qu'ont coïncidé toutes les contrariétés, tous les embarras, toutes les amertumes de notre vie. Le découragement, l'abattement moral, le plus triste de tous les maux, s'empara de nous, et nous sommes convaincu qu'il nous aurait anéanti sans le secours religieux que nous avons imploré.

Le péril que nous avons couru nous fait un devoir de déclarer ici que, de toutes les erreurs philosophiques qui peuvent envahir l'esprit, le rationalisme nous semble la plus dangereuse, parce qu'en revêtant la forme logique du raisonnement il nous sert parfois à détruire des erreurs. Par ce motif, il parvient à nous séduire et à gagner trop souvent notre confiance absolue.

C'est pour le même motif que le rationalisme est l'erreur la plus difficile à arracher de l'âme et qui résiste le plus longtemps à l'action bienfaisante de l'inspiration divine. En nous, la lutte a été d'autant plus longue et plus pénible, que les doctrines de notre maître en rationalisme nous avaient servi à détruire de fond en comble toutes les fausses maximes du libéralisme, toutes les prétentions vaniteuses du doctrinarisme, toutes les déductions erronées de la science matérialiste, tous les préjugés enfin de la fausse éducation moderne. Nous devons, en effet, au rationalisme les deux grandes réformes salutaires de notre vie qui ont précédé notre conviction religieuse actuelle, savoir : 1° la victoire contre l'exaltation démocratique-matérialiste de notre jeunesse, après 1821 ; 2° la victoire contre le libéralisme et le doctrinarisme, obtenue déjà en 1844, comme nos écrits de cette époque le démontrent.

Nous citons ces faits, non à cause de leur importance purement personnelle et de l'intérêt qu'ils peuvent offrir à ceux qui étudient la marche de l'esprit humain dans le cours de ses investigations, mais pour qu'ils puissent éclairer sur la grande réforme que le système actuel de l'instruction publique réclame, pour être transformée, de rationaliste qu'elle est, en religieuse qu'elle doit devenir.

IX.

Ce n'est pas ici le lieu d'expliquer les circonstances et les moyens par lesquels la conviction religieuse s'est enracinée dans notre esprit, au moment même où nous étions accablé par la plus grande détresse matérielle et morale : peut-être un jour nous déciderons-nous à publier tous ces détails mystérieux de la lutte d'une âme parcourant les phases diverses de son existence temporelle. Pour le moment, il nous semble suffisant de constater l'influence que ce changement moral a opérée dans notre manière de voir à l'égard de la nature et des moyens de réformes sociales indiquées dans nos *Aphorismes*. Nos principes, nos convictions, sans changer d'essence, ont changé d'origine, et elles en portent le cachet dans ce résumé de nos maximes historiques, économiques, politiques, scientifiques et religieuses. Nous espérons que notre ancien ami, M. Colins, ne nous en voudra pas pour nous être écarté de la partie erronée et dangereuse de sa doctrine, tout en restant convaincu de la profonde justesse de toutes les autres sections de ses nombreux écrits. Il sera peut-être étonné que nous osions fondre ensemble les principes révélés avec les vérités acquises, en un mot, la *foi* et la *raison*. Mais telle est notre conviction dans la dernière période probable de notre vie; conviction formée avec l'aide de toutes les idées que nous avons acquises depuis notre jeunesse, en y comprenant par conséquent le grand nombre que nous devons à nos rapports intimes avec M. Colins et à la lecture approfondie de ses intéressants ouvrages.

Notre *nouvelle foi* (nous expliquerons ce mot) a fondu toutes nos idées présentes et passées comme dans un creuset intellectuel, d'où elles sont sorties avec une nuance commune, éminemment et essentiellement

religieuse, que le plus grand nombre d'entre elles n'a-
vaient pas auparavant. De cet ensemble homogène est
formé l'édifice de nos convictions, dont nous livrons
seulement aujourd'hui au public le plan et l'ordon-
nance.

Nous appelons notre *nouvelle foi*, conviction profonde, parce qu'elle n'a pas le caractère aveugle de
simple acceptation, de celle que nous avions reçue
dans l'école et qui nous a accompagné faiblement dans
la première période intellectuelle de notre existence,
et, en outre, parce qu'elle diffère de la conviction obtenue par le raisonnement, en ce qu'elle s'étend sur de
vastes sujets en dehors de la portée de celui-ci. Notre
ancienne *foi* était parvenue, par le progrès successif
de notre instruction, à se trouver en désaccord avec
notre raison, laquelle avait traversé, aidée par la
science, tous les degrés du protestantisme philosophique, jusqu'à la *négation*. Notre nouvelle *foi*, au contraire, harmonise admirablement les conquêtes de la
raison humaine avec les révélations de la raison divine; et, quoique nous ne puissions pas comprendre
l'immense étendue qu'embrasse celle-ci, ce que nous
en savons nous autorise à voir dans l'ensemble de nos
connaissances un faible reflet, temporel et transitoire
comme notre vie, de la lumière éclatante vers laquelle
nous marchons sous le guide de l'Omnipotence.

Dans ces conditions, notre nouvelle *foi* n'a rien
à craindre désormais ni de la raison ni des conquêtes

scientifiques; elle possède, au contraire, la puissance de les fondre dans la loi véritable du progrès, qui est la loi de l'*harmonie* et de l'*amour.*

Nous ne voudrions pas devancer notre époque par des prédictions tirées de nos convictions et de nos études; mais il nous semble que l'humanité marche vers cette voie nouvelle de régénération et de lumière, troisième phase du christianisme, commencé dans la loi de Moïse, suivi de la manifestation du Christ, et qui sera complété par la nouvelle doctrine, laquelle rendra facilement praticables les sublimes maximes et les divins préceptes des deux précédentes.

Notre ancienne *erreur rationaliste,* dont nous faisons l'aveu franc et sincère, peut expliquer l'éloignement des anciens croyants pour une partie de nos doctrines. Quant aux hommes politiques dont nous avons combattu les erreurs avant même la publication des premiers *Aphorismes,* nous n'attendons d'eux ni trève ni repentir. Nos principes économiques et politiques, soutenus jadis de la seule autorité que nos adversaires reconnaissent, le rationalisme, avaient déjà produit chez eux le mutisme. Aujourd'hui que nos arguments se présentent fortifiés par l'idée religieuse qui leur donne sa sanction souveraine, nous ne devons nous attendre qu'à leur indifférence systématique ou à leurs nouvelles calomnies.

La considération que nos doctrines se rattachent à la tendance religieuse générale, qui se manifeste chez les grands penseurs et les gouvernements éclairés, doit aussi augmenter les hostilités occultes des partis, dont nous sommes, depuis longtemps, la victime ; car nos principes, se trouvant purgés des éléments *rationalistes* qui pouvaient les rendre suspects aux hommes religieux, doivent reconquérir chez eux l'appui et la sympathie.

Le lecteur attentif s'apercevra, sans doute, qu'au fond des théorèmes et des corollaires qui composent ce livre, il existe tout une doctrine. Cette doctrine n'est autre que celle de *l'ordre social* basé sur le principe religieux, mais dont l'exposé est ici extrêmement restreint et incomplet. Pour la présenter telle qu'elle devrait être, il faudrait la faire précéder d'un autre exposé du même grand principe religieux, non pas dans sa forme simple et déjà connue de l'humanité dès son origine, mais dans tout le complément de la révélation divine, dans toutes ses phases, en y comprenant celle par où l'humanité a déjà passé et celles de son avenir, selon les desseins profonds et insondables de l'Omnipotence éternelle. Tel doit être le code futur de l'humanité, auquel nous avons fait allusion plus haut, et dont nous espérons qu'elle aura connaissance, pour qu'elle puisse sortir de la période douloureuse d'anarchie où elle gémit, souffre et se débat depuis longtemps.

Nous avons aussi l'espoir que la *vérité religieuse*, dans tout l'admirable éclat que peut supporter l'humanité, lui sera révélée comme une voie de *rédemption universelle*, et qu'alors la doctrine de l'ordre, énoncée dans ce livre, cessera d'être une *utopie*.

X.

On sera peut-être surpris, en le parcourant et en trouvant si fréquemment les mots religion, morale, expiation, etc., qu'il ne soit jamais fait mention d'un culte, d'un dogme quelconque, en particulier. La surprise pourra devenir encore plus grande, lorsque, après avoir lu tout le volume, on s'apercevra qu'en dehors du mot *christianisme*, qui pour nous signifie la *Religion par excellence*, nous n'avons pas même employé celui de *Catholicisme*, significatif de l'*unité dogmatique* de l'Église.

Ceux qui feront ces remarques ne pourront pas attribuer au hasard la cause d'une pareille omission; ce qui, du reste, étant vrai, mérite une explication. La voici :

Nous devons commencer par dire que notre but essentiel a été de présenter, non l'histoire des *croyances*, mais celles des *connaissances;* non les expressions diverses de la *foi*, mais le développement de la *raison;* non enfin la *succession révélée* des principes religieux, mais la *série des idées* acquises par l'intelligence. Sous un autre point de vue, notre tâche était de présenter la foi, dans son principe, comme élément essentiellement constitutif, sans descendre à aucune de ses formes. Pour cela, nous devions nous borner à constater son existence et à admirer ses effets sur tous les peuples de la terre, depuis l'origine de l'humanité; car c'est par la foi qu'a commencé l'ère du véritable progrès. En second lieu, nous n'avions pas la prétention d'offrir dans cet ouvrage les développements de la pensée chez chaque peuple, et moins encore la diversité des dogmes et des cultes, mais seulement le *principe* d'où tous les dogmes découlent. Pour atteindre ce but, nous avons tâché de prendre, pour ainsi dire, de la vie de l'humanité, la partie essentielle qui survit aux générations et aux empires, aux formes et aux dogmes. En résumé, il s'agit de cette manifestation intelligente de l'âme, qui se développe avec l'expérience, qui répand la sphère de son action sur toute la série des âges; accumule ses conquêtes et les transmet, comme un héritage, aux générations successives; en un mot, nous avons tâché de saisir, dans l'humanité, son expression rationnelle sous sa forme ou acception générale : la *pensée*, enfin, abstraction faite de tout ce qui n'était pas elle, de tout ce qui n'était pas dû à la raison collective.

Notre but, en deux mots, était : 1° d'esquisser, chez l'humanité, l'histoire de la *pensée humaine*, non pas celle de la *foi divine;* 2° de présenter le *principe religieux*, qui découle de celle-ci, comme la base, le fondement de l'ordre social, abstraction faite du *culte* et des *dogmes.*

Les personnes qui ne considèrent les religions et leurs mystères que comme des conceptions purement humaines, enfantées par la spéculation et le despotisme de la part des inventeurs, et admises par l'ignorance et la crainte de la part des croyants, celles-là peuvent et doivent mêler et confondre, dans une même histoire, les *croyances* et les *connaissances*, la *foi* et la *raison*, la *religion* et la *science* ; mais nous, qui reconnaissons la source divine de la première et son indépendance absolue de la seconde, nous ne pouvions jamais mêler leurs histoires. Tels ont été, en résumé, les principaux motifs de l'omission du mot *catholicisme* dans le présent ouvrage. Cette explication pourra également servir de réponse à ceux qui nous gratifient du nom de *néo-catholique.*

Ce caractère religieux, donné à notre livre, pourra contribuer à le faire lire par beaucoup de croyants dont le retour à l'unité chrétienne est le désir ardent. Un immense travail intellectuel se fait en ce moment chez les hommes de foi, et il nous a paru qu'il était plus utile de commencer par les attirer tous vers un centre commun, ou point de départ, que de froisser les sentiments de quelques-uns par la proclamation exclusive d'un dogme. Agir autrement eût été aussi dépasser les limites de notre ouvrage, qui, comme nous venons de le dire, ne devait offrir qu'une déclaration de *principes*.

L'abus constamment fait par l'école libérale de mots que nous appelons *séducteurs*, parce qu'ils expriment les plus nobles aspirations des âmes, les présentant toujours comme réalisables par les seuls moyens qu'elle possède, nous a obligé de distinguer les conditions essentielles pour leur réalisation, et sans lesquelles les tentatives de réformes deviennent ou anarchiques ou utopiques. Un grand nombre des erreurs de l'école libérale proviennent de l'omission de cette distinction importante, et c'est à la même cause aussi qu'il faut attribuer l'entêtement de beaucoup d'hommes distingués, rangés de bonne foi sous ses bannières.

De tous les mots sans détermination précise employés par les écrivains libéraux, ceux de *liberté* et de *progrès* offrent les plus déplorables exemples d'indétermination et de fausse application. En les présentant toujours comme des talismans irrésistibles, possédés seulement par les apôtres de l'école, elle a eu peu de peine à faire croire que ses adversaires étaient des ennemis irréconciliables de la *liberté* et du *progrès*. Nous espérons que la lecture de nos *Aphorismes* contribuera à détruire ce blâme injuste jeté sur les hommes clairvoyants qui, tout en reconnaissant les lois providentielles de la *liberté* et du *progrès*, sont parvenus, à force de méditations, à déterminer les conditions sociales nécessaires à leur existence et à leur développement bienfaisant. Nous espérons prouver également que les véritables ennemis de la *liberté* et du *progrès* ne sont pas ses adversaires religieux, mais ses propres partisans ; car, en s'efforçant de les établir dans la pratique, lorsque la société manque encore des conditions essentielles pour cette réalisation, ils rendent éminemment anarchiques les grands principes qui, sous l'égide protectrice de la religion et de la morale, assureront le développement futur de l'humanité.

XI.

Ces réflexions nous conduisent à répondre d'avance à un jugement erroné qui pourrait être fait sur les tendances de nos doctrines, par quelques lecteurs qui ne s'appliqueraient pas à en saisir l'ensemble ; car, en nous entendant affirmer, par exemple, que les cultes en général et le christianisme en particulier ont été et ont dû être intolérants ; que les Rois commirent une grave faute d'imprévoyance en soutenant le protestantisme ; que l'aristocratie nobiliaire s'est suicidée par son contact avec le libéralisme ; que toutes les libertés prônées par celui-ci, lorsqu'on s'efforce de les établir sans base morale, deviennent nécessairement anarchiques dans la pratique ; que le progrès matériel, et par conséquent la civilisation qui le représente, devient également anarchique lorsqu'on néglige de le

subordonner aux lois de l'ordre moral ; que la séparation du pouvoir temporel et du pouvoir spirituel a
anéanti la base de l'autorité qui résidait dans le premier ; que le pouvoir, ainsi que l'autorité, doit être
un et *absolu*, etc., etc.; en nous entendant, disons-
nous, affirmer ces maximes et beaucoup d'autres de
même nature, ils n'hésiteront pas, probablement, à
nous croire réactionnaire, ami des temps qui ont
précédé les changements que constate l'histoire, et à
soupçonner aussi que la réforme sociale que nous
souhaitons n'est qu'un brusque retour au passé.

Quoique certain que ce reproche ne nous sera
adressé ni par les personnes qui nous liront attentive-
ment, ni par celles qui nous connaissent ; quoique
nous puissions nous borner à rejeter comme absurde
la prétention de résoudre le problème du présent et
de l'avenir par la reconstruction du passé ; quoiqu'il
nous soit facile de constater, par la série même de
nos travaux, que nous ne pouvions, sans démence,
tâcher de renouer les futures transformations de l'humanité avec la période ancienne en annulant la période intermédiaire, aussi nécessaire et aussi providentielle que toutes les autres, et dans laquelle l'esprit
humain a montré la plus grande vitalité ; quoique enfin nous puissions démontrer pour tout lecteur un peu
réfléchi, que la cause de l'erreur de ceux qui nous
jugeraient ainsi ne se trouve pas dans le livre que nous
publions aujourd'hui. Nous croyons cependant devoir

donner sur ce point une explication claire et précise,
afin de détruire, une fois pour toutes, les fausses
interprétations que l'ignorance des uns et la malignité des autres, pourraient donner à nos doctrines.
Nous devons le faire avec d'autant plus de raison,
qu'une semblable idée pourrait éloigner de la lecture
de notre livre les hommes du véritable progrès, et
nous faire ainsi perdre le puissant concours que nous
espérons trouver dans leurs sympathies et leurs lumières. Voici, du reste, l'explication qu'il nous semble
utile de donner.

En étudiant le développement de la raison collective qui constitue l'humanité, et en le comparant à
celui de la raison individuelle, nous avons trouvé, chez
l'un et chez l'autre, une époque que nous appelons
d'*émancipation intellectuelle*, et qui suit la période
de l'enfance; nous l'avons trouvée, dans l'une comme
dans l'autre, caractérisée plutôt par l'irrégularité et
les égarements de leurs pas que par la solidité de
leur marche : de là les titubations et les chutes insé-
parables de cet âge.

Au milieu de ces apparences de faiblesse, un
examen plus approfondi nous fit découvrir la loi providentielle, toujours impérative, qui, tout en laissant
libres les actes de cette vie turbulente et de cette dé-
marche chancelante, savait les soumettre, par un
accord admirable et mystérieux, à l'*harmonie* des
résultats, constitutive de la *loi morale*. Ce fut alors

que nous nous aperçûmes comment l'erreur, conséquence nécessaire d'une émancipation précoce de la tutelle religieuse, pouvait servir et servait en effet pour donner à la raison de fortes et salutaires leçons. Nous reconnûmes alors qu'elles avaient pour but providentiel de corriger les écarts de la jeunesse intellectuelle, et de lui faire reprendre la *direction* primitive, non pas en lui faisant brusquement rebrousser le chemin parcouru, mais en imprimant seulement à ses pas la vigueur d'une *liberté* soutenue par la *Religion*, et telle qu'elle convient à l'âge adulte de l'humanité. De même que chez l'homme fait, instruit par l'expérience, la connaissance des écarts de la jeunesse ne lui inspire pas le désir de retourner à l'enfance, à cette époque d'innocente sagesse, antérieure à son émancipation, ainsi, la connaissance des erreurs de la jeunesse sociale ne doit pas suggérer l'idée de rétrograder vers la période primitive. La *raison*, dans ces deux cas, ne fait que découvrir dans le passé la voie tracée vers l'avenir, voie qu'elle avait perdue de vue par sa vaniteuse présomption, qui, dans un moment d'égarement juvénile, lui montra l'intelligence comme souveraine et indépendante, tandis qu'elle ne peut vivre qu'étant soumise à la *lumière divine*, dont tout dépend au physique comme au moral.

Nous dirons, en résumant notre pensée, qu'au milieu des égarements et des erreurs de la raison humaine, nous découvrons et nous admirons la *loi pro-*

videntielle du progrès, dont le signe le plus caractéristique est de reconnaître l'*erreur* et de l'abjurer avant de chercher la *vérité,* qui doit la remplacer. C'est dans cette heureuse période que nous croyons voir entrer l'humanité par les intelligences d'élite de l'époque actuelle.

En reconnaissant à nos idées scientifiques et littéraires, aux prétendues découvertes de notre intelligence, aux soi-disant inventions de notre génie, une source primordiale beaucoup plus élevée que notre raison ; en reconnaissant aussi la série de ces mêmes découvertes comme étant soumise à une loi d'opportunité admirable, dont l'ensemble et les rapports révèlent une intelligence extrêmement supérieure à celle de l'humanité, qui les applique à son usage, nous ne pouvons ni récuser le progrès, ni fixer de limites à la progression qu'il suit. Nous sommes donc *ami du progrès ;* bien plus, nous sommes à la fois son soldat et son apôtre. Si nous pouvions être plus, nous le serions. Mais, dès que nous avons reconnu la source d'où il tire sa force, dès que nous l'avons distingué d'une autre force nuisible que nos passions peuvent enfanter, nous avons tâché d'en découvrir les véritables lois, afin de coopérer à sa marche constante et nécessaire.

Le progrès est semblable à un pyroscaphe lancé à toute vapeur, dont il est impossible d'arrêter la marche, mais qu'on est maître de diriger. Il va toujours, car il faut qu'il aille : c'est à la sagesse du pilote d'en empêcher les écarts et d'éviter les écueils.

La rébellion de l'intelligence contre la foi, qui, malgré toutes les erreurs qu'elle a engendrées, rentre pour nous dans la grande loi providentielle de l'humanité, a laissé, comme une conquête impérissable, ce qu'on appelle la *liberté de la pensée*, et ce que l'éminent philosophe M. Colins appelle plus exactement *incompressibilité de l'examen*. En effet, il est aujourd'hui de toute impossibilité pour un pouvoir quelconque, quels que soient la force et les moyens dont il dispose, de renfermer la pensée dans des bornes déterminées, ou l'*examen* dans des limites restreintes. On ne peut dire aujourd'hui ni à l'un, ni à l'autre : *Tu n'iras pas plus loin.*

Cette impuissance absolue du pouvoir contre cette action vitale intérieure de l'âme, qui constitue la *pensée*, est donc un fait caractéristique de la période dans laquelle l'humanité est entrée; période d'émancipation intellectuelle, désormais accomplie et inévitable. Mais, comme il nous est également démontré, par tous les faits sociaux qui en ont été la triste conséquence, que la marche suivie par l'intelligence émancipée de l'ancienne tutelle religieuse n'a abouti qu'à l'anarchie, il semblerait que l'humanité est condamnée à périr dans une effroyable agonie, par suite du même progrès inhérent à sa nature,

Tel est le problème terrible qui se dresse aujourd'hui devant la raison, forcée de l'examiner et de le résoudre; problème dont nous avons cherché la solution en parcourant les diverses périodes de l'histoire de la pensée, depuis son origine jusqu'à l'époque actuelle. Nous avons suivi l'exemple des chercheurs d'eaux perdues, qui, pour trouver l'endroit de l'écart, remontent vers la source ancienne, et, suivant ensuite le cours souterrain jusqu'à l'obstacle, parviennent à donner au cours d'eau une direction convenable.

XII.

Nos *Aphorismes* devaient éprouver une modification complète, résultat de leur caractère essentiellement religieux, tout en conservant cependant les vérités dont notre âme avait depuis longtemps la conquête. La prédominance de l'*idée religieuse*, l'acceptation de la *révélation* comme l'unique source des vérités morales, la *subordination* constante de la raison humaine à la raison divine, sont ainsi devenues les trois points culminants de notre doctrine. Assise sur de pareilles bases, nous la croyons inébranlable et complétement à l'abri des luttes et des orages par lesquels a passé jadis notre raison, dans le cours incertain d'une vie d'études compliquées. Nous osons ainsi présenter nos *Aphorismes*, sinon comme une doctrine définitive, au moins comme l'*introduction* à cette doctrine. Les changements par lesquels nous avons passé avant d'y parvenir ont servi à déblayer la route des erreurs répandues.

La nouvelle édition que nous donnons de nos *Aphorismes sociaux*, sous le titre de : *le Mal et le Remède*, ne révèle pas la doctrine de la troisième phase du christianisme, à laquelle nous avons fait allusion plus haut. Nous signalons, c'est vrai, quelques-unes des conditions que sa mise en pratique exige, quelques-uns des résultats harmoniques de sa féconde application; mais le code complet qui doit régner dans cette troisième période de la vie de l'humanité, vers laquelle il nous semble que nous marchons à travers l'anarchie et le malheur, se trouve encore dans la *pensée de Dieu*. Ce ne sera pas, certainement, notre faible esprit, assez justement puni de son orgueil passé, qui osera toucher le rideau qui cache les secrets de la *Providence*. Elle saura, dans son immense sagesse, QUAND et COMMENT ils seront révélés pour le bien des hommes, lesquels doivent seulement *espérer* et *croire*, en se soumettant aux impénétrables décrets du TRÈS-HAUT et TOUT-PUISSANT.

Le changement éprouvé dans nos idées, au point de vue religieux, devait nous dicter une modification assez profonde dans deux sections de nos *Aphorismes*, savoir : 1° dans celle relative à la période primitive de l'humanité et aux nations anciennes, où dominait, comme chez les peuples non encore envahis par l'idée révolutionnaire, la *foi religieuse*. Nous n'avions vu dans celle-ci que des hypothèses imposées et acceptées par la *nécessité sociale*, sans leur accorder aucun caractère de vérité ; 2° dans celle qui tendait à faire dépendre uniquement de la raison humaine la découverte et la démonstration des vérités religieuses, qui peuvent seules sauver l'humanité, et servir de base permanente à l'ordre social. Nous sommes aujourd'hui profondément convaincu que la *Raison divine* est la seule qui peut produire l'acceptation universelle de pareilles vérités.

Par conséquent, la présente édition de nos *Aphorismes sociaux* diffère des précédentes : 1° par leur étendue beaucoup plus considérable ; 2° par la doctrine essentiellement religieuse qui y domine dans toutes ses parties, en reconnaissant la nécessité et la vérité des *révélations*, et en leur attribuant exclusivement la conviction de sentiment, ou *foi*, que l'homme a eue dès les périodes les plus reculées, et qui a servi de base aux sociétés anciennes, comme elle doit en servir aussi pour régénérer la société présente.

Quant au reste, et dans tout ce qui se rapporte aux doctrines économiques et politiques, aux aperçus historiques, à la désignation de la cause du mal, aux ravages de l'anarchie, aux écarts de la raison dans sa marche protestante, aux conséquences funestes des principes modernes, les présents *Aphorismes* n'offrent aucune contradiction avec les anciens, que nous

avons même conservés et incorporés dans cette nouvelle série. Leur ensemble fera reconnaître la même
loi, la même tendance, savoir : le développement successif de l'intelligence collective de l'humanité, semblable au développement des intelligences individuelles, passant par les deux périodes de *foi* et de
raison, avant d'arriver à la troisième qui sera caractérisée par l'union de ces deux puissances. On reconnaîtra, dans la première période, la prédominance des
croyances religieuses et la soumission de la *raison
humaine*. Au contraire, l'indépendance et la souveraineté absolue de celle-ci ressortira dans la seconde
période, pendant laquelle, s'émancipant de la tutelle
religieuse, elle proclame la *tolérance* et la *liberté*, en
semant l'anarchie au milieu de toutes les institutions
économiques, politiques et morales. Dans la troisième
période, la raison humaine, égarée dans le labyrinthe
des systèmes stériles qu'elle avait inventés et essayés,
reconnaîtra, honteuse, sa vanité puérile et son incapacité absolue pour constituer l'ordre social en harmonie avec ses propres conquêtes. Alors, la *Raison divine*
l'éclaire et lui révèle des nouveaux moyens pour
rendre conciliables *l'ordre* avec la *liberté*, et le *progrès matériel* avec *l'harmonie morale*.

Outre la modification essentielle que nos *Aphorismes sociaux* ont éprouvée dans le fond, nous avons
introduit divers changements et améliorations dans
la forme. Ainsi, la partie historique se trouve plus

détachée des principes constitutifs ou caractéristiques de la réforme morale, à l'exposé desquels nous avons donné un développement beaucoup plus étendu.

A l'appui de nos appréciations, en confirmation de nos aperçus historiques ou de nos déductions logiques, nous avons cité, maintes fois, des phrases analogues d'écrivains et de penseurs éminents de toutes les écoles. Ce mélange curieux d'auteurs si différents en principes et en tendances, offrant nonobstant des similitudes frappantes sur tant de points de notre doctrine, pourra jeter une lueur d'espoir de parvenir un jour à fonder dans le monde des intelligences supérieures, le grand royaume de *l'unité morale*, qui est notre rêve et notre consolation à la fois.

C'est aussi dans cet espoir bienfaisant de coopérer à l'uniformité future de la pensée, parmi les intelligences d'élite, que nous avons supprimé, dans les citations que nous avons prises d'un livre de M. Colin, les noms des professeurs illustres à plus d'un titre, honorables et justement honorés par leurs carrières laborieuses, dont les assertions témoignent de l'état matérialiste et athée de la science qu'ils professent. Peut-être qu'un jour, ceux de ces savants qui vivent encore, parviendront à voir et à reconnaître la fausseté de leurs doctrines ; mais, comme la nature humaine est aussi faible que vaniteuse, elle craint de paraître inconséquente lorsque, après son abjuration, on lui montre fréquemment la preuve de son erreur passée. Notre manière de voir, dans cette question d'amour-propre, est tout à fait différente. Nous nous empressons de reconnaître et d'avouer publiquement notre erreur, parce que cela prouve un véritable progrès. En effet, nous avons gagné une vérité en échange de l'erreur perdue, ce qui doit satisfaire même notre vanité à plus juste titre. Mais ces principes ne sont pas ceux de la généralité des hommes qui croient se dégrader en avouant qu'ils ont été sectaires et apôtres de l'erreur.

Telles sont les principales variations qu'offrent les présents *Aphorismes*. Ils nous feront connaître *tel que nous sommes*, et non pas *tel* que l'ignorance des uns et la calomnie des autres nous ont travesti. Si nous obtenons ce résultat, ce sera déjà une grande conquête dans la voie laborieuse que nous nous proposons de poursuivre, encouragé par l'estime des honnêtes gens. Cet espoir nous soutient et nous soutiendra jusqu'au jour, probablement peu éloigné, où nous pourrons nous présenter devant nos concitoyens, la tête levée et ce livre à la main, leur disant : *Voici les principes régénérateurs qui ont obtenu à leur auteur la persécution et l'abandon.*

Paris, 1er avril 1859. (*186, rue de Rivoli.*)

R. DE LA SAGRA.

LE MAL ET LE REMÈDE

APHORISMES SOCIAUX

SOMMAIRE

Prolégomènes.

I. ORDRE ANCIEN. — PRÉDOMINANCE DE LA FOI.

II. ÉMANCIPATION DE LA PENSÉE. — PROTESTANTISME. — *Protestantisme politique* ou LIBÉRALISME. — Liberté et égalité. — Droit des majorités. — Souveraineté du peuple. — Système représentatif. — *Protestantisme scientifique.* — Instruction et éducation. — Philosophie. — Science. — Littérature. — *Protestantisme social* ou SOCIALISME. — *Socialisme économique.* — Travail et capital. — Liberté et individualisme. — Libre concurrence et libre commerce. — Industrialisme. — Crédit. — Opposition d'intérêts. — Misère et Paupérisme. — Tendances socialistes de la science.

III. MAL SOCIAL. — Défaut de base morale. — Progrès matériel. — Règne de l'opinion. — Droit de la force. — Rébellion et anarchie. — Réaction religieuse. — Prédictions.

IV. RÉORGANISATION SOCIALE. — Conditions. — Unité sociale. — Subordination des intérêts matériels aux intérêts moraux. — *Ordre économique.* — Travail. — Propriété. — *Ordre moral.* — Instruction et éducation. — Autorité. — Liberté. — Droit. — Loi. — Vérité. — Morale. — Sanction religieuse. — Expiation. — Résignation.

V. CONCLUSIONS.

PROLÉGOMÈNES.

Cette * indique que l'aphorisme qui la porte a été déjà publié dans le précédentes éditions.

1. La *pensée* se révèle dans tous les actes de l'existence de l'homme et de l'humanité.

2. L'existence de la pensée est éternelle comme celle de l'âme, mais elle ne peut être connue de l'homme, que dans la partie de sa durée qui est relative à la vie temporelle.

3. L'histoire de la pensée, à la portée de l'homme, n'est que l'histoire d'une très-courte période de la vie des âmes, dont la durée constitue l'existence de l'humanité.

4. L'histoire de la pensée, pendant cette courte période, n'est que l'histoire du développement successif de l'intelligence.

5. Cette histoire, qui résume celle de l'humanité, peut être déduite de l'observation attentive et impartiale des faits sociaux.

6. Pour déduire de l'observation des faits sociaux l'histoire de l'humanité, il faut l'étudier dans toutes les périodes de son existence.

Cette étude doit être précédée de quelques réflexions générales.

7. La société est l'humanité. La fin que se propose la société, c'est l'*ordre*.

8. La vie sociale, ainsi que la vie individuelle, se compose de deux ordres d'existences, déjà simultanées, déjà séparées : l'existence *matérielle* et l'existence *spirituelle*; la vie du *corps* et la vie de l'*âme*.

9. L'existence matérielle commence et finit avec la forme ; l'existence spirituelle continue avec l'âme.

10°. De la double existence des individus et de l'humanité, naissent deux ordres de phénomènes, qui respectivement constituent *l'ordre matériel* et *l'ordre intellectuel* ou *moral*.

11. L'existence matérielle manque de *sanction*; l'existence morale l'a, *ultra vitale*.

12. La vie des individus sur cette terre est purement transitoire, et ne forme qu'une courte période de l'existence éternelle.

13. La vie collective ou de l'humanité se trouve dans le même cas.

14. Dans l'existence individuelle ainsi que dans l'existence collective ou de l'humanité, il y a deux ordres d'*intérêts* : les *intérêts matériels* et les *intérêts moraux*.

15. Les *intérêts matériels*, tant pour l'individu que pour l'humanité, sont purement temporels et transitoires ; les *intérêts moraux* sont éternels.

16. De cette différence essentielle naît celle qui se trouve dans leur importance respective, qui est seulement relative à cette vie, chez les premiers, et absolue ou éternelle, chez les seconds.

17. La suprématie des *intérêts moraux* sur les *intérêts matériels* tire sa source de l'essence respective de chacun.

18. L'*histoire de la pensée* doit offrir le développement de l'intelligence, dans les deux ordres d'idées qui constituent les intérêts matériels et moraux de l'humanité.

19. Les intérêts matériels se rapportent à la *richesse*; les intérêts moraux se rapportent à l'*instruction*.

20. La *richesse* et l'*instruction* forment les deux pôles de l'axe sur lequel tourne l'humanité.

21. L'activité intellectuelle se traduit par l'acquisition de connaissances ou *idées*, et par leur transformation en *actes*.

22. Toute *idée* est une connaissance, mais toute connaissance n'est pas une *vérité*.

23. Ce qu'on appelle les *vérités scientifiques* appartient à la catégorie des connaissances, dont la *vérité* est purement relative aux individus qui les acquièrent.

24. Les *vérités scientifiques* se rapportent aux *phénomènes* de l'ordre *matériel* ou *physique*. Les *vérités mathématiques* sont des *abstractions*, et non pas des *réalités*.

25. Les *vérités morales* appartiennent à l'ordre moral, où tout est *absolu* et *éternel*.

26. Il y a donc des *vérités relatives* et des *vérités absolues* : les premières sont *transitoires* ; les secondes sont *éternelles*.

27. Le mot *vérité*, dans les questions d'un ordre élevé, doit être entendu dans le sens moral ou absolu.

28. Un ensemble de vérités, relatives ou absolues, dirigées vers une fin, constitue une LOI : *physique* dans le premier cas ; *morale* dans le second.

29. La *loi physique* se trouve par l'observation ; la *loi morale* est *intuitive*, c'est-à-dire *révélée*.

30. L'*ordre physique* et l'*ordre moral* sont l'expression respective de chacune de ces deux lois.

31. L'exercice de l'intelligence sur l'un ou sur l'autre de ces ordres d'idées, constitue les diverses catégories de travaux, suivant les objets auxquels l'intelligence est appliquée.

32*. Il y a travail scientifique, artistique, industriel, agricole, mercantile, législatif, administratif, exécutif, judiciaire, médical, directif, etc., etc.

33*. L'ensemble de toutes ces catégories de travaux ou de fonctions sociales, rationnellement organisées, constituerait l'organisation sociale rationnelle.

34*. Les *questions sociales* se rapportent à l'organisation sociale de chaque ordre ou catégorie de travail particulier, et à son ensemble.

35*. Celles qui se rapportent aux pouvoirs de l'Etat, à la forme du gouvernement, aux intérêts internationaux, s'appellent *questions politiques*.

36*. Celles qui se rapportent aux travaux agricoles, industriels et commerciaux, s'appellent *questions économiques*.

37. Celles qui concernent l'enseignement, les découvertes, la détermination des lois de l'ordre physique, s'appellent *questions scientifiques*.

38*. Enfin, celles qui se rapportent aux *droits* et aux *devoirs* des individus, se nomment *questions morales*.

39*. Toutes ces diverses questions sont comprises dans la catégorie générale de *questions sociales*, parce que toutes se rapportent et ne peuvent se rapporter qu'à la *société*.

40*. Sous l'organisation anarchique de la période de transition où l'humanité se trouve, les questions d'intérêt matériel dominent celles d'intérêt moral.

41*. Sous l'organisation morale définitive, les questions politiques et matérielles seront subordonnées aux lois de l'ordre moral ou de l'organisation générale.

42*. Les questions politiques ont pour but spécial la constitution du *pouvoir* et la détermination des rapports réciproques entre lui et les individus.

43'. Les questions politiques sont relatives au *droit*, et, sous ce point de vue, elles doivent appartenir à l'*ordre moral*.

44'. Les questions économiques ont pour but spécial la détermination des rapports réciproques entre la société et les individus. considérés comme producteurs et consommateurs, et les rapports mutuels entre ceux-ci.

45'. Les questions économiques, ainsi considérées, sont relatives au *droit*, et par conséquent elles se rapportent aussi à l'*ordre moral*.

46*. La *science sociale*, qui doit régler tous ces rapports, a donc pour objet *la détermination précise des lois de l'ordre moral*.

47* Toutes les questions sociales, donc, reposent sur le *droit* ou, ce qui est la même chose, sur la *justice absolue*.

48'. La *justice absolue*, c'est la sanction de l'ordre moral, ou, ce qui est la même chose, de l'ordre social.

49'. La constitutioh de l'*ordre social* suppose donc la réalité de sa sanction, ou la réalité d'une *justice éternelle*.

50. La vie sociale, semblable à la vie individuelle dans son développement complet, se compose de trois périodes : dans la première, qui est d'ignorance scientifique, règne la *foi*; dans la seconde, qui est de science, domine la *raison*; dans la troisième, qui sera de vérité et de justice, règneront la *foi et la raison unies*.

51. Les deux périodes qui ont traversé l'humanité ont donné lieu à deux systèmes d'organisation, chacun relatif à son époque.

52*. Le système d'organisation pour la période d'*ignorance* n'a pu être que celui du *despotisme*.

53. La période despotique a été socialement nécessaire, et relativement juste. Par ces deux raisons, elle a été *universelle*.

54*. Ce qui est socialement nécessaire pour maintenir l'ordre social, est juste, relativement à l'époque où telle nécessité domine.

55*. La raison ne peut pas concevoir qu'un fait ou phénomène social, *accepté universellement*, puisse manquer du caractère de justice relative, qui lui est nécessaire comme motif de son existence.

56*. La justice relative surgit toujours de la nécessité sociale, et cette nécessité se révèle par l'*universalité* du fait et l'*unanimité* de l'acceptation.

57. Dans la période intermédiaire ou de transition, règne un système d'organisation de *liberté apparente*.

58. Pendant cette période, la *raison* proteste contre la *foi*, la *science* contre la *croyance*, la *liberté* contre le *despotisme;* mais la *liberté réelle* manque de base.

59. C'est pour cela que, pendant cette période, le despotisme devient *insoutenable* et la liberté *anarchique*.

60. Le système d'organisation pour la période de *vérité*, sera celui de la véritable *liberté*.

61. Les deux ordres d'intérêts qui règnent dans la société donnent lieu à deux ordres d'organisation : l'une *matérielle* ou *économique*, l'autre *intellectuelle* ou *morale*.

62*. L'organisation de la *richesse* constitue l'organisation *matérielle* ou *économique*; l'organisation de l'*instruction* constitue l'organisation *morale* de la société.

63*. L'ensemble harmonique des deux organisations constituera l'*organisation sociale* complète ou *intégrale*.

64. Du manque d'harmonie entre l'organisation de la *richesse* et l'organisation de l'*instruction*, ou entre l'organisation *matérielle* et l'organisation *morale*, provient l'anarchie de l'époque.

65. L'*ordre physique* se rapporte aux *phénomènes;* l'ordre *moral*, aux *réalités* ou *actions*.

66. C'est pour cela que dans l'ordre physique domine la *fatalité*, et dans l'ordre moral la *liberté*.

67. L'*ordre moral* sera le résultat de l'harmonie entre la *fatalité des faits* et la *liberté des actes*.

68. Les *lois* de l'ordre moral, capables d'établir cette harmonie, sont les *principes religieux* ou les *vérités* intuitives *révélées*.

69. Le motif ou la raison de ce privilége, c'est que les principes religieux se rapportent à l'exisfence réelle, éternelle, et non pas seulement à l'existence temporelle.

70. L'homme ne peut connaître ou comprendre l'ensemble et les rapports de cet ordre moral dont il fait partie.

71. L'homme peut seulement connaître, de l'ordre moral, ce qui est relatif à son existence temporelle.

72. La *vérité absolue*, que l'homme peut connaître, c'est seulement la *vérité religieuse* relative à lui.

73. Cette connaissance n'est pas le fruit de la science, car elle l'a précédée.

74. La *vérité religieuse* n'est du domaine de la *raison*, qu'autant que celle-ci l'accepte et la confirme.

75. La *vérité absolue* appartient à l'ordre moral.

76. L'homme aspire à la connaissance de la *vérité*; mais, en la cherchant au moyen de la *raison*, il la confond avec les apparences.

77. La connaissance de la vérité est incompatible avec la négation de la doctrine religieuse.

78. La philosophie a fait du mot *absolu* une espèce de mystère incompréhensible et inabordable.

79. Sans préciser jamais la signification du mot, et en courant toujours vers l'*absolu*, la philosophie s'est égarée dans un labyrinthe ténébreux.

80. La meilleure définition qu'on puisse donner de l'*absolu*, c'est *ordre moral*.

81. Dans cette acception précise, la connaissance de l'*absolu* c'est la connaissance de la *vérité*.

82. L'*absolu*, donc, n'est pas un principe, ni une maxime, ni une doctrine : c'est la *réalité*.

83. Le mot *réalité*, dans ce sens, est synonyme de *vérité*.

84. La *réalité* est éternelle, invariable, et par conséquent elle ne peut appartenir à l'*ordre physique*, qui est temporel et variable.

85. La vérité ou la réalité de l'*ordre moral* dépend de la *réalité* de l'*âme spirituelle*, car si l'âme est matière, il n'y a que monde *physique*.

86. La *vérité sociale* n'est que la *vérité religieuse*. Lorsque celle-ci sera universellement acceptée, toutes les autres vérités sociales seront facilement déduites.

87. L'*unité religieuse*, principe caractéristique de la société chrétienne, constitue la base de son avenir.

88. La tendance vers l'*unité sociale*, qui surgit partout aujourd'hui, n'est autre chose que la tendance vers la *vérité*.

89. Les aspirations générales vers l'*unité* et la *vérité* sont caractéristiques et devancières d'une régénération sociale.

90. La régénération sociale, qui sera la constitution de l'*ordre moral*, dépend de la connaissance et de l'acceptation des lois dictées par la *raison divine* : la raison humaine doit rester bornée à sa sphère d'action dans les limites de l'*ordre physique*.

91. La *vérité religieuse* a été cherchée par la science; mais celle-ci n'est pas encore sortie de la période matérialiste, qui est la négation du spiritualisme.

92. La démonstration de la *vérité religieuse* ne peut pas être une conquête de la *science*, puisqu'elle appartient à la *révélation*.

93. La *raison humaine*, libre et indépendante de toute autorité humaine, est seulement souveraine dans les investigations du monde matériel, où elle peut aussi s'égarer sans la lumière divine.

94. La vérité scientifique se trouve par l'exercice de la *raison humaine*, subordonnée aux principes révélés par la *raison divine*.

95. La *théorie* est la loi des *phénomènes* ou des actions. La première est la *théorie physique* ; la seconde est la *théorie morale*.

96. Dans les investigations de l'ordre matériel, la raison, en déduisant la *théorie* ou loi physique des faits qui l'expriment, agit empiriquement ou *à posteriori*.

97. Si la théorie pouvait être découverte *à priori*, sa lumière précéderait l'expérience empirique pour la guider.

98. De l'observation inexacte des phénomènes, naissent les fausses théories, que la raison rectifie et corrige après.

99. Dans les investigations de l'ordre moral, la raison doit procéder *à priori*, en soumettant les actions à la *théorie* ou *loi morale*, qui constitue leur bonté.

100. Cette différence, dans l'exercice de la raison, provient de la diversité essentielle qui existe dans les origines et dans les buts providentiels des deux ordres de lois.

101. La *loi* ou *théorie physique*, règne fatalement dans les faits, et c'est pour cela que la raison peut la découvrir.

102. La *loi* ou *théorie morale* précède les actions, lesquelles la suivent ou l'abandonnent librement.

103. La loi physique constate un *fait*; la loi morale prescrit un *devoir*.

104. Dans la pratique, la loi physique résulte de la *fatalité*; la loi morale provient de la *liberté*.

105. L'*utopie* est une théorie non réalisable; mais il y a *utopie absolue* et *utopie relative*.

106. L'*utopie absolue* c'est une théorie à jamais irréalisable, parce que sa réalisation suppose des conditions impossibles ou absurdes.

107. L'*utopie relative* c'est une théorie non immédiatement réalisable, mais qui peut le devenir sous certaines conditions qu'elle suppose.

108. Le mot *utopie* doit être employé dans le sens de théorie *non encore réalisée*, et non pas dans celui de *théorie non réalisable*, qu'on lui donne vulgairement.

109. Sous la première acception, toutes les vérités d'ordre moral *non réalisées* jusqu'à ce jour, sont des *utopies*.

110. Le *devoir social* ou *devoir religieux* de tout individu, c'est de coopérer, avec tous ses moyens et toutes ses facultés, à la réalisation de ces utopies.

111. Tel est le but du présent livre.

I. ORDRE ANCIEN.

112. La tradition et l'histoire présentent toujours les peuples de la plus haute antiquité, obéissant aux doctrines morales et religieuses, avec des principes fondamentaux semblables dans leur essence.

113. Ces principes ont été l'existence d'un *Être Su- prême* et la continuation de la vie de l'âme après la mort.

114. Ces mêmes principes se trouvent, aujourd'hui aussi, reconnus chez les peuples que découvrent les voyageurs.

115. On doit déduire de cela que ces doctrines ont précédé dans l'humanité les vérités scientifiques, filles de l'observation des phénomènes naturels.

116. Ces principes fondamentaux ont constitué la base de la législation, et par conséquent des mœurs publiques, dans les sociétés anciennes.

117. Le principe religieux est donc aussi ancien que l'humanité, et par conséquent il a précédé les développements de l'intelligence, qui donna plus tard, comme fruit, le progrès matériel.

118. L'*ancienneté* et l'*universalité* du sentiment religieux seraient donc suffisantes pour constater l'origine divine, et par conséquent la vérité des *révélations*.

119. L'invention humaine ne pouvait pas créer ce qui, dès l'origine des peuples, offre les caractères de *nécessité absolue*, de *vérité* et de *justice*.

120. Les grands principes, révélés à l'humanité dans toutes les époques, et qui semblent être inhérents à l'âme, ont été associés à des formes accessoires en rapport avec le degré d'intelligence, les mœurs et les préjugés, dans chaque époque ou période historique.

121. La *foi religieuse* a été successivement fortifiée par la conviction de sa *nécessité* pour l'ordre social.

122. C'est pour cela que toujours on a cru facilement et nécessairement, ce qui était indispensable pour l'ordre social, quoique la *réalité* de ce qu'on devait croire ne fût pas démontrée.

123. C'est pour cela aussi que tous les grands législateurs de l'humanité ont employé la *foi religieuse* comme base, l'ayant trouvée dans leurs âmes et dans celles des peuples qu'ils organisaient.

124. C'est pour cela que la *sanction* des actes de la vie publique et de la vie privée fut placée dans le ciel, et non pas sur la terre.

125. L'autorité publique, ainsi que l'autorité paternelle, agissaient comme déléguées de l'autorité divine.

126. Ainsi leurs mandats étaient absolus et obéis, à cause de leur origine incontestable.

127. Pour conserver à la loi révélée son caractère vital d'incontestabilité, le despotisme devenait nécessaire dans toute sa vaste action compressive des manifestations de l'intelligence, pour empêcher l'*examen*.

128. La *croyance* dans l'incontestabilité de la loi était incompatible avec son *examen*.

129. De cette manière s'établit par lui-même et naturellement l'*absolutisme* ancien, basé sur la foi, et tout à fait différent du despotisme moderne.

130. L'*absolutisme* ancien n'était pas brutalement imposé par la force, mais il était créé par la nécessité et accepté individuellement et socialement par la foi, instinct moral qui dominait alors.

131. L'absolutisme n'était pas alors démontrable comme principe social; mais l'éducation, secondée par l'instinct moral, le faisait accepter comme juste.

132. L'absolutisme ancien était associé avec trois conditions nécessaires pour son soutien, savoir : 1° l'*ignorance scientifique*, ou l'esclavage intellectuel; 2° l'*exploitation des masses*, ou l'esclavage matériel; 3° l'*isolement des peuples* par le fanatisme.

133. L'*ignorance scientifique* était inhérente à la première période de l'humanité, dans laquelle l'intelligence commençait à apprendre.

134. L'*exploitation des masses* était une conséquence forcée de leur infériorité intellectuelle.

135. L'*isolement des peuples* provenait de la diversité des croyances.

136. Ces conditions de la première période sociale rendaient *relativement légitime* l'absolutisme ancien.

137*. Lorsque l'esclavage intellectuel et matériel dominait les masses, elles étaient considérées comme des machines, obéissant aveuglément à une action directrice supérieure.

138*. Les masses, alors, étaient regardées comme une partie inhérente du sol approprié à la minorité privilégiée, et confondues avec le sol qu'elles cultivaient.

139*. L'*esclave* n'était pas réellement un *travailleur*, mais seulement un instrument animé pour la production.

140. Sous ce point de vue, le produit du travail appartenait et devait appartenir, non pas à l'instrument, mais au maître, lequel, par nécessité et par utilité, soutenait la vie de l'esclave.

141. L'esclave étant considéré comme instrument, aucun principe de justice ne pouvait s'établir dans ses rapports avec le maître.

142. Par la même cause, l'idée de récompense ou son expression, le *salaire*, ne pouvait pas avoir lieu.

143*. L'exploitation des masses était ainsi considérée comme un droit, et acceptée par elles comme tel.

144*. C'est pour cela que l'histoire ne fait presque pas mention de véritables rébellions d'esclaves : le petit nombre de celles qui eurent lieu ont été plutôt contre la tyrannie des maîtres que contre le droit qui leur était reconnu.

145. Dans la première période sociale, le travail a été et devait être imposé par la force, ce qui légitimait l'esclavage.

146. Avec l'ignorance de la première période, l'idée du travail ne pouvait pas s'offrir comme un *devoir social*.

147. Le travail, isolé de l'idée de devoir, conservait seulement le caractère de *peine* ou d'*expiation*.

148. L'idée religieuse, chez tous les peuples, fut conforme avec cette notion du travail.

149. De là est venue l'idée de dégradation attachée au *travail*.

150*. Le maintien des masses dans l'ignorance rendait nécessaire le monopole de l'instruction et de l'éducation.

151*. L'exercice de la pensée et l'émission des idées, se trouvaient alors soumises aux croyances.

152*. La raison renonçait timidement à l'examen de toute question politique ou religieuse.

153*. Cette répulsion était juste, car elle devenait nécessaire pour le maintien de l'ordre établi sur la foi, qui excluait tout examen.

154*. Cela était alors raisonnable, parce que le libre examen et la libre discussion devenaient incompatibles avec un ordre social imposé par la révélation et accepté par la foi.

155*. La raison se bornait à l'examen des phénomènes de la nature.

156*. La science et la religion étaient étroitement unies. Elles se cultivaient et se professaient dans les temples et exclusivement par les prêtres.

157*. La science se trouvait subordonnée à la révélation, qui était en même temps la base de l'éducation, à laquelle l'instruction était soumise.

158*. Lorsque la science se montrait en public, elle était toujours entourée de formes symboliques et mystérieuses.

159*. La croyance formait la base de l'édifice habité par l'intelligence, et toutes les conquêtes de la science étaient soumises à la foi.

160*. La conservation de l'isolement entre les peuples, comme moyen efficace de despotisme, rendaient nécessaires les circonscriptions ou nationalités, les inimitiés et les haines, les guerres, les douanes et la diversité des langues.

161*. L'isolement des peuples devenait relativement juste, comme étant nécessaire au maintien de l'ordre dans chaque circonscription religieuse ou politique; car l'ordre était incompatible avec les communications et l'amitié entre les peuples de diverses croyances.

162*. Le fanatisme religieux et le fanatisme politique, ou le patriotisme, servaient ainsi d'appui au despotisme, contribuant à l'isolement des peuples.

163*. Ainsi prit naissance le besoin de s'armer, pour maintenir et faire respecter réciproquement les nationalités rivales.

164*. Pendant des siècles, les peuples et les familles furent ainsi gouvernés, par un régime absolu, nécessaire à cause de l'état d'ignorance où se trouvait l'humanité.

165*. Pendant cette longue époque, l'autorité imposait, au nom de Dieu, les règles convenables pour la conservation de l'ordre.

166*. La croyance universelle dans ce principe faisait également admettre que toute autorité venait de Dieu, et cette croyance entourait l'autorité d'un prestige divin.

167*. Tout ordre était exécuté, quels que fussent son caractère et sa tendance, car l'autorité commandait au nom de Dieu.

168*. La rébellion contre les ordres de l'autorité était à peine concevable, et moins encore leur discussion. Mettre en doute leur justice était un sacrilége; la nier devenait preuve de démence.

169. Le principe d'autorité, reposant sur une croyance, devenait article de foi religieuse, et par conséquent comprenait en lui-même la source d'une obéissance aveugle, d'une soumission profonde, de respect et de vénération.

170*. Alors le pouvoir spirituel dominait le pouvoir temporel, et, par suite, les intérêts matériels étaient subordonnés aux intérêts moraux.

171*. Les hommes se soumettaient, en croyant à ces mandats, parce que la foi était un devoir social.

172. Les moyens despotiques inhérents à la période ancienne de l'humanité n'ont pas été inventés ni imposés *à priori*; mais ils se sont établis naturellement et logiquement comme des fruits de la *nécessité sociale*, loi suprême de l'ordre.

173*. Les moyens despotiques nécessaires pour la conservation de l'ordre étant garantis par l'assentiment général, dans chaque circonscription ou nation, cela donnait *force à l'autorité*.

174*. L'*autorité* avait alors le caractère *spirituel*, le seul qui peut la rendre acceptable et permanente.

175*. Le *pouvoir* alors était inhérent à l'*autorité*, et on ne pouvait pas même concevoir le premier séparé de la seconde, ni celle-ci de celui-là.

176*. L'*autorité* ne cherchait pas le *pouvoir* pour se faire accepter et respecter; le *pouvoir* était comme sa conséquence obligée.

177*. Au même temps la raison, poursuivant le champ qui lui était permis, récoltait des connaissances, filles de l'observation et de l'expérience, qu'elle appela *vérités* ; le mot *croyance* fut conservé, pour désigner les principes révélés ou d'origine divine.

178*. Les *croyances* furent aussi appelées *vérités religieuses*, dont la certitude était considérée comme infiniment supérieure à celle des vérités scientifiques.

170*. Pendant des siècles, la raison, dans son enfance, se soumettait à cette dépendance. Les divergences qu'on pouvait observer entre ses conquêtes et les dogmes de la foi, étaient attribuées à l'infériorité des moyens d'examen.

180*. L'ordre continuait de régner dans chaque nation, au moyen de la compression de l'examen, qui conservait l'ignorance chez les masses et favorisait leur exploitation par la minorité privilégiée.

181. Sous ce système *d'ordre despotique*, toutes les parties étaient corrélatives, et au lieu de s'entrechoquer ou de se contrarier entre elles, elles s'appuyaient mutuellement.

182. La formule de l'ordre social, qui régnait alors, était la subordination absolue de la *raison* à la *révélation*, ou de la *science* à la *foi*. Telle fut la première période sociale de la *pensée*.

II. ÉMANCIPATION DE LA PENSÉE.

183. Les peuples, dans la première période, ont été naturellement intolérants.

184*. L'intolérance religieuse et politique rendait la guerre inévitable, et avec elle les usurpations et les conquêtes.

185*. Mais les conquêtes, résultat des guerres des peuples, tendaient à les mettre en communication et à établir entre eux des rapports réciproques de commerce.

186*. Le despotisme a contribué à ce résultat, soit par les communications qu'au moyen des conquêtes il facilita entre les peuples, soit par l'usage qu'il fit des lumières pour augmenter la puissance de sa domination.

187*. Ainsi commença à s'affaiblir le principe de l'isolement et à dominer le principe de sociabilité ou de civilisation.

188*. La conséquence naturelle des relations internationales a été la domination par la richesse, qui remplaça la domination par les armes, ou le principe mercantile substitué au principe guerrier.

189*. Les diverses croyances se mirent en contact, et du contact des diverses civilisations naquit le développement de la raison des peuples.

190'. De la connaissance et de la comparaison des diverses croyances des peuples, qui se mirent en contact, naquit la discussion et le doute.

191. ' La raison, en étendant peu à peu le cercle de ses conquêtes, finit par envahir la sphère religieuse qui, auparavant, lui était défendue.

192. ' En exploitant ce nouveau monde, la raison trouva des contradictions entre ce qui enseignait respectivement la science et la religion.

193'. Dès lors commença à s'établir une division entre la connaissance des phénomènes de l'univers, dont l'examen appartenait à la *raison*, et les principes de la *foi*.

194. Ainsi prit origine l'antagonisme entre les vérités *acquises* et les vérités *révélées*, ou entre la *science* et la *foi*, entre la *raison* et la *religion*.

195. Dans cette lutte, la première gagna tout ce que perdit la seconde.

196. La raison humaine continua, se débattant contre les liens qui auparavant avaient servi à la garantir et à la protéger contre la faiblesse de son enfance.

197. Les acquisitions de la raison séduisirent de prime-abord la vanité humaine, qui leur donna une grande importance, et se les attribua exclusivement comme son œuvre.

198. Satisfaite avec les résultats du raisonnement, la raison n'hésita pas à l'appliquer à l'examen des vérités de toute nature.

199. Depuis lors la raison devint orgueilleuse par ses prétendues conquêtes, et n'hésita pas de soumettre à son critérium tous les principes moraux et religieux qu'elle avait trouvés chez les différents peuples.

200. De l'étude et de la comparaison des faits, elle osa remonter à la détermination des causes, et, ne pouvant pas les trouver, elle inventa des systèmes et des hypothèses qui lui semblaient plus ou moins admissibles.

201. Dans cette analyse philosophique, la raison se proposa de rejeter tout ce qui ne deviendrait pas le résultat ou la conséquence logique de l'observation directe des faits.

202. La généralisation de cette règle d'investigation du monde matériel à l'étude du monde intellectuel fut le premier pas égaré de la raison.

203. C'est ainsi que la *pensée* parvint à se déclarer indépendante, en proclamant altière la *liberté* comme loi unique de sa conduite.

204. La *raison* s'est émancipée de la *foi*, lorsqu'elle ne connaissait pas encore les instruments qu'elle employait pour acquérir les connaissances.

205. Pour un plus fort motif, elle méconnaissait aussi la cause des phénomènes de la pensée et du raisonnement.

206. Malgré cette ignorance scientifique, la raison s'est déclarée souveraine arbitre de proclamer ce qu'elle croyait être la vérité, non-seulement dans le monde physique, mais aussi dans le monde intellectuel.

207. Ce premier acte de l'émancipation de la pensée, à peine sortie de la tutelle religieuse de la foi, a offert le caractère léger et vaniteux de la jeunesse irréfléchie.

208. De la comparaison entre l'importance morale des vérités révélées, dont la science ne trouvait pas l'origine, et les conquêtes de celle-ci, est sorti le *doute*.

209. La répugnance de la raison à rester dans le *doute* conduisit à la *négation*.

210. Ainsi se substitua la discussion à l'obéissance aveugle. On commença par *douter*, on passa ensuite à *nier*, et la négation continua longtemps, étant le terme des investigations de la raison dans le monde moral.

211. Mais la pensée ne pouvant pas rester toujours dans le *doute* et la *négation*, elle a fait un pas de plus, et s'est jugée apte pour *créer*.

212. La raison croyant alors déjà terminée l'œuvre de l'émancipation de la pensée, se substitua à la foi pour rédiger les principes de la science nouvelle.

213. La raison, satisfaite de la sanction que l'expérience donnait aux découvertes dans le monde physique, envahit aussi les frontières du monde intellectuel.

214*. La raison ayant besoin d'un critérium universel, invariable, démontrable à tous, pour distinguer les raisonnements bons des mauvais, la *science* le trouva dans l'expérience pour les vérités de l'ordre physique.

215. La raison ne s'aperçut pas que ce critérium de la vérité était essentiellement applicable au *relatif*, car il n'y a rien d'*absolu* ou d'éternellement *vrai* dans l'ordre physique.

216. En outre, la raison ne connaissant pas un autre critérium que celui qu'elle employait pour acquérir des connaissances dans l'ordre physique, elle l'appliqua aussi aux investigations de l'ordre intellectuel.

217. Telle fut la source abondante et intarissable de tous les égarements de la raison dans l'ordre moral.

218*. Le *critérium* du monde physique, appliqué à tout, a conduit aux connaissances de l'époque actuelle, où tout apparaît comme étant *matériel*.

219*. Orgueilleuse avec ses conquêtes, la raison finit par s'élever de la base au sommet de la pyramide intellectuelle, et, de subordonnée aux croyances, elle s'érigea en dictatrice.

220*. Le *libre examen* a été le fruit immédiat de l'émancipation intellectuelle, le triomphe de la science sur la foi, de la raison sur les croyances.

211. La libre émission de la pensée est la conséquence logique de l'importance que la raison orgueilleuse attribua à ses décisions et à ses conquêtes.

222. La liberté de la pensée et le libre examen ont pour fondement la déclaration de l'indépendance et de la suprématie de la raison humaine.

223'. Tous les principes, bases des sociétés anciennes, furent soumis à l'examen, et dès lors la raison commença à *protester*.

PROTESTANTISME.

224. *Protestantisme* et *opposition* sont une seule et même chose.

225. La protestation contre l'autorité religieuse ne fut pas la première des protestations ; mais elle marqua dans l'histoire d'une manière plus imposante et plus transcendante.

220. « Les libertés de l'Église gallicane, proclamées au profit de Louis XIV, deviennent dans le fond le premier acte de la révolution française. » (*M. Quinet.*)

227. La révolution sociale, dont les effets se sentent aujourd'hui, a commencé par l'Eglise.

228. Le protestantisme a présenté le phénomène, en apparence illogique, de commencer par l'ordre plus élevé des idées, et il a suivi par les ordres inférieurs.

220. L'explication de ce phénomène se trouve, dans l'incapacité de la raison pour comprendre les vérités révélées, contre lesquelles elle protesta dès le moment où elle les soumit à son examen.

230. Le protestantisme s'est montré souvent respectueux envers ce qu'il appelait des *préjugés religieux*, et qu'il se proposait de détruire.

231. Quoique le protestantisme religieux se proclamât fils de la raison, les sectes protestantes se trouvèrent bientôt en contradiction avec le principe de la suprématie de celle-ci, où elles prenaient naissance.

232. Le protestantisme religieux a été timide et inconséquent, car, en déclarant la raison souveraine, il devait protester contre tout ce qui la contrarierait.

233. Le protestantisme religieux, comme protestantisme, a été incomplet, parce qu'il n'a pas remonté aux questions générales.

234. Le protestantisme religieux, croyant protester seulement contre les abus et les préjugés, ne s'aperçut pas qu'il ouvrait la voie à protester contre toutes les croyances.

235. L'erreur du protestantisme n'a pas été aussi grande et aussi transcendante en protestant, qu'en déclarant la raison souveraine et indépendante.

236*. Dès le moment que l'émancipation de la pensée fut proclamée, *l'autorité suprême*, et avec elle toutes les autorités subalternes, perdirent la base de leur puissance ; car toute autorité disparaît devant la liberté d'examen

237. Dès ce moment, la raison subordonna les vérités religieuses, transmises par l'*éducation*, aux vérités scientifiques données par l'*instruction*.

238*. L'autorité ancienne, voyant s'éteindre la *force morale* qui ressortait de l'éducation, et pour s'affermir contre l'orage qui la menaçait, fit appel à la *force matérielle*. Imprudente alors, elle voulut *forcer à croire* ceux qui commençaient *à nier*.

239. Telle parut cependant la loi impérieuse de la nécessité, pour maintenir la foi contre les attaques de la raison.

240. L'inefficacité du résultat ne détruit point la nécessité du moyen, car la logique de l'humanité n'est pas celle des individus.

241. Le libre examen dut être comprimé dans l'époque ou période d'ignorance sociale, et c'est pour cela que le pouvoir opposa toujours la *compression* de l'examen à la *liberté* d'examen, sans réfléchir qu'en l'absence de la foi l'examen est *incompressible*.

242. L'emploi de la *force* pour obliger à la *croyance* affaiblit le prestige de l'autorité ancienne, dont l'essence était morale et non pas matérielle.

243. L'emploi de la force pour obliger à la croyance offensait aussi la *raison*, déclarée souveraine.

244. Alors parut la *presse*, comme auxiliaire de l'intelligence comprimée par la force. Les résultats ont été de transformer la majorité *croyante* en majorité *pensante*.

245. L'inefficacité de la force pour obliger à la croyance inspira la tolérance à l'autorité moderne.

246. Cette tolérance lui devenait facile dès qu'elle avait perdu la foi dans le principe religieux : ce qui l'a décidée à proclamer libre l'exercice de tous les cultes.

247. La tolérance religieuse est née du scepticisme philosophique.

248. « La liberté des cultes, pour beaucoup d'hommes, c'est la liberté de ne pas croire dans aucune religion. » (*M. Dunoyer.*)

249. La *tolérance* religieuse, dans l'état actuel de la science, est l'expression pratique de l'*indifférence*.

250. La tolérance religieuse c'est la négation de l'*unité* religieuse, dans laquelle seulement peut résider la *vérité*.

251*. Tant qu'un *principe religieux* ne sera pas *convenablement* accepté, le doute, l'indifférence et le matérialisme se partageront le monde des intelligences.

252. La pensée émancipée, en substituant la souveraineté de la raison à l'autorité de la foi, anéantit la base religieuse des sociétés.

253. Du moment que la raison humaine protesta contre la raison divine, la première resta complétement libre pour tous les jugements.

254. Ainsi la maxime fondamentale du protestantisme religieux devint la base des protestantismes successifs.

255. Chacun de ces protestantismes successifs constitua une phase de la grande révolution sociale que suit l'humanité.

256. L'état politique et social de chaque nation n'est que l'expression de la phase révolutionnaire où elle se trouve.

257. Le *libéralisme* et le *socialisme* ont leur source commune dans l'émancipation de la pensée.

258. *Protestantisme, libéralisme* et *socialisme* ne sont autre chose que les trois phases successives de l'*idée révolutionnaire.*

259. Le protestantisme philosophique, conséquence logique du principe établi par le protestantisme religieux, fut plus conséquent que celui-ci dans ses déductions.

260. La raison fut ausssi éminemment logique dans toute la série de ses déclarations sur l'ordre moral.

261. Le protestantisme philosophique, et plus encore le protestantisme social ou *socialisme*, sont venus accomplir la mission de démolition commencée par le premier.

262. Le protestantisme positif, ou le *positivisme*, se proposant d'organiser s'est fait dogmatique, et alors il s'est divisé en *croyant* et en *matérialiste.*

263. Le protestantisme religieux dogmatique est encore croyant; les protestantismes philosophique, politique et social, sont matérialistes.

264. La victoire obtenue par le protestantisme sur la foi a laissé sans solution tous les problèmes fondamentaux de la société.

265. C'est ainsi que le protestantisme religieux coopéra indirectement à la négation philosophique, à l'incrédulité religieuse et à l'athéisme légal des autres protestantismes.

266. Le protestantisme, ennemi de l'unité et incapable de l'introduire dans aucune organisation, l'adopte cependant dans son œuvre de destruction.

PROTESTANTISME POLITIQUE OU LIBÉRALISME.

267. Du protestantisme religieux, la raison passa au protestantisme politique, et l'autorité temporelle sentit trembler sous ses pieds la base de son trône, jusqu'alors inébranlable.

268. L'autorité, par essence morale, s'est trouvée privée de son élément de vie et d'action, par l'élimination du pouvoir spirituel.

269. L'émancipation du pouvoir temporel fut son suicide.

270. « En cherchant, avec trop de succès, à séparer la politique de la religion....., les princes effectuèrent une véritable révolution. » (*Lamennais.*)

271. « Supposer l'homme partagé entre Dieu, arbitre uniquement des intérêts spirituels, et je ne sais quel pouvoir civil régulateur des intérêts temporels, me paraît tout à fait contradictoire. » (*Comte du Viel-Castel.*)

272. « La doctrine de l'individualisme est venue à la suite de cette opinion, qu'il y a deux pouvoirs distincts : le spirituel et le temporel. » (*M. P. Leroux.*)

273. Le protestantisme politique, ou *libéralisme*, a commencé du jour que les rois chrétiens tentèrent de se soustraire à la domination papale.

274. Du protestantisme des rois sont nés successivement les protestantismes des classes noble, moyenne et plébéienne.

275. Le *libéralisme* s'est ainsi développé, en commençant à agir contre l'autorité des rois, et en suivant les autres phases de la protestation contre tous les principes de l'ordre monarchique.

276. L'aristocratie nobiliaire participa à l'imprévoyance des rois protestants.

277. Le désir de s'émanciper du pouvoir royal fit accepter à l'aristocratie des principes contraires à sa propre stabilité.

278. L'inoculation du libéralisme, dans l'ancienne aristocratie nobiliaire, lui a été aussi nuisible qu'aux rois leur protestantisme religieux.

279. L'aristocratie nobiliaire, en acceptant la nouvelle constitution de la propriété territoriale, s'est suicidée pour toujours.

280. Les concessions faites par l'aristocratie nobiliaire au principe de liberté ont rendu faciles les conquêtes de la nouvelle aristocratie financière.

281. L'aristocratie nobiliaire, dans sa décadence et se débattant encore contre les attaques incessantes de la révolution, expie amèrement son ancienne imprévoyance.

282. Si l'aristocratie nobiliaire existait encore religieuse et puissante, elle remplirait sa haute mission de coopérer à l'organisation morale qu'en attend la société.

283. L'aristocratie nobiliaire, en se libéralisant, a anéanti sa mission sociale.

284. Depuis lors, l'élément moralisateur civil manque à la société.

285. L'abdication de l'aristocratie nobiliaire, en acceptant la réforme économique de la propriété territoriale, débarrassa le chemin de la révolution du plus grand obstacle.

286. La révolution fut logique et prévoyante, en basant l'extinction de l'aristocratie nobiliaire sur la réforme économique de la propriété territoriale.

287. La séparation des deux pouvoirs, en détruisant l'équilibre des États chrétiens, rendit nécessaire l'introduction de la *force* comme *droit*.

288. L'autorité moderne se trouvant seulement appuyée par l'opinion d'une prétendue majorité, qui, en résumé, n'est que l'expression de la force, devient contestable, et, en époque de libre discussion, elle est constamment et nécessairement *contestée*.

289. Une autorité constamment *contestée* devient, par cela même, *variable*.

290. Faire dériver la loi d'une prétendue volonté générale, c'est la constituer en *fait* et non pas en *droit*.

291. Par suite du protestantisme philosophique et politique, la *loi* ainsi que l'*État* doivent être déclarés *athées*.

292. L'*athéisme légal* de l'époque moderne est synonyme de *matérialisme social*.

293. Toutes les maximes démocratiques de l'école moderne ne sont que les conséquences logiques du protestantisme politique ou *libéralisme*.

294. Les principales protestations politiques se rapportent à l'*autorité*, au *pouvoir*, au *gouvernement*, au *droit* et à la *loi*.

295. Les grands dogmes libéraux de l'époque sont relatifs à la *liberté*, à l'*égalité*, aux *majorités*, à *la souveraineté du peuple* et au *gouvernement représentatif*.

LIBERTÉ ET ÉGALITÉ.

296*. La *liberté* et l'*égalité* furent proclamées des conquêtes de l'examen. Faute de *critérium* absolu pour déterminer la valeur des expressions, celles-ci restèrent *indéterminées*.

297. Le principe de *liberté*, dans toutes ses applications, a été simplement soumis aux décisions de la raison déclarée souveraine.

298. L'application du principe de liberté ainsi conçu ne pouvait donner, et ne donna en effet, que des résultats anarchiques dans chacun des trois ordres d'idées *religieuses*, *politiques* et *économiques*.

299. Toutes les libertés proclamées par la raison répondent à ces trois ordres de manifestations protestantes et à leur ensemble.

300. Ces manifestations ont été, dans l'*ordre religieux ou moral*, la liberté de conscience, la liberté des cultes et la liberté d'enseignement ; dans l'*ordre politique*, la liberté de discussion, la liberté de la presse et la liberté de réunion ; dans l'*ordre économique*, la liberté du travail et ses conséquences, la liberté de l'industrie et du commerce.

301'. Les conséquences du principe d'égalité ont été l'*égalité* des droits civils et politiques et le complément de ceux-ci dans le *suffrage universel*.

302'. Quelques-unes de ces conséquences se trouvent déjà établies dans la pratique des différents pays qu'on appelle *libres*, chez lesquels la révolution a plus ou moins semé ses graines fécondes ; la démocratie et le socialisme tendent à réaliser toutes les autres.

303. Les effets de l'inégalité deviennent insupportables, par suite de la perte de la foi religieuse, mère de la résignation.

304. « L'égalité absolue, ou la destruction de toute hiérarchie sociale, n'a laissé subsister d'autre distinction que celle de la fortune. » (*Lamennais.*)

DROIT DES MAJORITÉS.

305*. L'humanité ayant perdu la foi qui donnait à l'autorité des droits au respect, et l'anarchie étant la suite nécessaire du mépris de l'autorité, chacun dut se demander : Qui donc a raison, de ceux qui nient ou de ceux qui affirment?

306*. L'impossibilité de résoudre cette question dans l'état actuel des connaissances, et la nécessité d'une solution pour exister socialement, força de recourir au vote du plus grand nombre. C'est ainsi que vint s'établir une nouvelle autorité : le *droit des majorités.*

307*. La foi socialement anéantie, l'humanité devait choisir entre trois autorités : la *force brutale*, les décisions *absolues* de *la raison*, une prétendue *volonté générale* expression des passions.

308*. La première, comme base d'ordre stable, est absurde dans tous les temps et particulièrement en époque de libre examen ; la seconde est impraticable, comme inconnue ; la troisième est fausse.

309. Cependant, l'humanité ayant besoin de choisir une autorité, se décida pour la troisième.

310*. Depuis cette époque, la raison sociale, la sanction des actions, la qualification du juste et de l'injuste, se trouvent représentées par l'*opinion* de la moitié plus un, des prétendus délégués du peuple.

311*. Cette moitié plus un, qu'on appelle *majorité*, impose sa décision ou sa volonté à la moitié moins un, qu'on nomme *minorité*; par conséquent, celle-ci doit se soumettre à celle-là, jusqu'au point d'en être tyrannisée.

312. Le principe de la souveraineté des majorités est passé successivement de la noblesse héréditaire à la bourgeoisie, et dernièrement au peuple.

313. Ainsi se sont constituées les trois phases révolutionnaires des temps modernes, en formant trois périodes dans la marche révolutionnaire des nations.

314. Le *droit humain* des majorités prit naissance dans la nécessité sociale, après la destruction du *droit divin*.

315*. La souveraineté, qui, jusque-là, avait son origine en Dieu, et dont l'autorité était représentée par quelques individus, passa *nominativement* aux masses et de fait à leurs prétendus délégués.

316*. Le passage de l'autorité d'un seul à l'autorité de plusieurs laissa subsister les erreurs d'attribuer la souveraineté à un homme ou à quelques hommes. La première a été pratiquement possible pendant que la foi était possible; la seconde est éternellement utopique.

317*. La substitution d'une prétendue volonté sociale à une volonté d'origine divine, alors que la société manque encore de volonté réelle ou stable, fait que tout vote est l'expression d'un intérêt de passion.

318. « Dans la constitution de l'autorité moderne, qui substitue la souveraineté d'un ou de plusieurs à la souveraineté de la loi, on introduit les passions à la place du droit. » (*M. Proudhon.*)

319*. Aussi longtemps que ce qui dicte la raison n'est point déterminé d'une manière absolue et connue de tous, l'expression d'une volonté quelconque, socialement considérée, n'est donc que le vote des passions dicté par des intérêts particuliers.

320*. L'autorité ancienne était responsable devant Dieu, devant la Justice Éternelle, de tout acte tyrannique, car on croyait que ces actes seraient *nécessairement* punis. Contre les injustices de l'autorité moderne il n'y a aucune espèce d'appel en dehors de la force, car cette même autorité a déclaré *la loi athée*.

321*. Les raisons ou les passions individuelles feignent de se soumettre aux décisions d'une prétendue raison collective, laquelle, en réalité, n'est qu'une agrégation de volontés unies par un intérêt de passion qui leur est commun. Cette prétendue raison collective ne devient *autorité* qu'à l'aide de la force.

322*. Par conséquent, sous l'empire des majorités, ce n'est pas le *droit* basé sur la véritable raison sociale qui règne, mais la *force* résultant du nombre et de l'intrigue.

323. Sous le système libéral, le *droit politique* c'est le *droit* déclaré par ce qu'on suppose être la majorité.

324. C'est pour cela que la démocratie est logique en proclamant, même aujourd'hui en France, « que le suffrage universel est à la fois la loi du pays et le droit absolu, le bien commun et l'espérance de tous. » (*La Presse*, 25 octobre 1857.)

325. Le principe primitif du *droit* étant détruit, tous les autres droits deviennent variables par suite des changements dans l'organisation sociale.

326. Le caractère relatif des droits politiques les rend transmissibles d'une classe de la société aux autres classes.

327. La variabilité du droit et de la justice est un autre signe distinctif de la société moderne.

328. Cette variation pratique dans les droits suppose une autre théorie dans la justice relative qui leur sert de base.

329. Tout ce qui aujourd'hui devient nécessaire pour la conservation de l'ordre, rentre dans le *droit pratique* des nations.

330. Par conséquent, le *droit* consiste aujourd'hui dans la conformité de la loi avec l'existence de l'ordre.

331. L'absolutisme ancien était accepté par la foi : le despotisme moderne est imposé par la force matérielle, qu'elle soit ou non sanctionnée par le vote de la majorité.

332. La raison, manquant de frein et de critérium supérieur, règle ses actes par le vote de la majorité, ce qui établit le despotisme de celle-ci.

333*. Le despotisme des prétendues majorités, qui n'est autre chose que l'expression de la volonté aveugle d'un prétendu grand nombre indéterminé, s'est ainsi substitué à l'absolutisme du droit divin.

334*. Les majorités créent le droit, le changent, l'annulent. Pour les majorités, il n'y a point de droit ; il n'y a que des accidents, des faits.

335*. Lorsque la majorité légale représentera réellement la majorité numérique, la minorité n'aura aucun droit d'appel.

336*. La majorité appelée *légale* peut être détruite par la majorité réelle en nombre ou en force.

337. « Avec le système des majorités omnipotentes, on commence par la prison et on finit par la guillotine en permanence. » (*Le Peuple*, 1848.)

338. « Le gouvernement des majorités fait trahison à la patrie, à la révolution d'où il est sorti et viole la constitution. » (*V. Considérant.*)

339. « Tandis que la liberté de la pensée est écrite dans la Charte, la *servitude de la pensée*, sous le nom de *prépondérance des majorités*, est décrétée par la Charte. » (*M. Proudhon.*)

340. L'athéisme de la loi, l'athéisme de l'État et l'athéisme social, sont les conséquences inévitables du droit de souveraineté accordé aux majorités.

341. « Le nombre représente quelque chance pour ceux qui jugent d'après les faits matériels, mais il n'est plus qu'un argument spécieux lorsqu'on tâche d'évaluer la bonté des idées. » (La *Nacion*, journal progressiste de Madrid.)

342. La loi des majorités est brutale et absurde. » (*M. P. Leroux.*)

343. ˙ Le principe des majorités a été attaqué, sapé et détruit en théorie par les écrivains les plus éminents de l'époque présente, et cependant il règne encore dans la pratique, partout où la foi se trouve socialement détrônée.

344. ˙ C'est que partout où la foi se trouve détruite, comme principe d'ordre politique, on a cru pouvoir la remplacer par l'autorité du nombre.

345. Le *libéralisme*, né du libre examen, comme sa sœur la démocratie, est conséquent avec son principe, et représente la société progressive à la fois en conquêtes matérielles et en destruction de l'ordre moral ancien.

346. « Le caractère de la *démocratie* est une mobilité continuelle. » (*Lamennais.*)

347. « La *démocratie* bien qu'elle soit comprimée, bien qu'elle soit caressée, est toujours une révolution. » (*M. Proudhon.*)

348. Le libéralisme et la démocratie analysent, détruisent et avancent, poussées par le désir libre de savoir et de trouver, sans reconnaître un autre guide que la raison.

349. « La démocratie détruit la notion de toute espèce de droit, soit divin soit humain, et c'est pour cela que, lorsqu'elle ne vient pas à la suite de l'athéisme, elle l'enfante tôt ou tard. » (*Lamennais.*)

SOUVERAINETÉ DU PEUPLE.

350. De la déclaration du droit des majorités est née la doctrine de la *souveraineté du peuple*.

351. Cette conclusion est logique et inévitable, une fois admise la souveraineté de la raison.

352. La souveraineté du nombre, qui est la souveraineté de la force, a réellement commencé dès que les rois se sont soustraits à l'autorité du pouvoir spirituel.

353. « De toutes les fictions, la plus hardie, la plus vaste, la plus rare, la plus étourdissante, la plus réjouissante, c'est assurément la fiction solennelle intitulée *souveraineté du peuple.* » (*Lamennais.*)

354. « La *souveraineté du peuple* renferme le principe de l'athéisme, puisqu'en vertu de cette souveraineté, le peuple ou le parlement qui le représente a le droit de changer et de modifier, quand il lui plaît et comme il lui plaît, la religion du pays. » (*Lamennais.*)

355. « La théorie athée de la *souveraineté du peuple* ne peut même se grandir jusqu'à devenir révolutionnaire : son principe la condamne à rester éternellement aux avant-portes de l'émeute. » (*Edelestand Duméril.*)

356. « La *souveraineté du peuple* renverserait tout l'ordre social. » (*Lamennais.*)

357. La souveraineté du peuple est une souveraineté transitoire et purement anarchique.

358. Le *droit* dérivé de la souveraineté du peuple est variable comme l'expression de la majorité qui la représente.

359. Le *droit,* sous le point de vue matériel des sociétés modernes, ne peut être que variable comme leurs constitutions.

360. « Un méridien décide de la vérité, » disait *Pascal.*

361. Par conséquent, dans la période actuelle de l'humanité, les *droits* ne peuvent pas être *absolus,* mais *relatifs.*

362. La prétendue transformation des droits politiques, qui sont purement relatifs, en droits absolus, constitue l'anarchie politique de l'époque.

SYSTÈME REPRÉSENTATIF.

363. Le système représentatif c'est l'expression gouvernementale du principe des majorités.

4

364. Le système représentatif n'est pas *une* forme de gouvernement, mais seulement une des manifestations du principe de la souveraineté du peuple.

365. Lorsque le pouvoir procède du nombre, le pouvoir absolu réside réellement en lui.

366. L'annulation du pouvoir royal est l'inévitable conséquence du système représentatif.

367. La séparation des pouvoirs constitue un démembrement de l'autorité, qu'elle ne peut accepter qu'en abdiquant son pouvoir.

368. L'équilibre des pouvoirs, basé sur le droit des majorités, est une illusion déplorable.

369. Equilibre des pouvoirs suppose diversité de pouvoir, ce qui est une erreur, car le pouvoir n'est et ne peut être qu'un.

370. Ce qu'on appelle des pouvoirs distincts, ne sont que des fonctions diverses du pouvoir.

371. « L'équilibre des pouvoirs constitutionnels n'est qu'un rêve irréalisable ou une réalité funeste. » (*Heraldo*, journal modéré de Madrid.)

372. Le vice radical du système représentatif, c'est de soumettre à la décision du vote les matières d'examen.

373. Le vote n'exprime jamais la valeur des raisons, mais seulement le nombre des volontés.

374. Les assemblées législatives ont pour objet de sanctionner les opinions, pour leur donner une valeur sociale.

375. « Tout gouvernement qui a cessé d'être absolu pour devenir représentatif, a abdiqué solennellement son droit, et reconnaît implicitement, par le fait, le principe de la souveraineté du peuple. » (*M. E. de Girardin.*)

376. « Le moindre inconvénient des discussions publiques sur la matière de gouvernement, est qu'elles répandent plus de doute que de lumière. » (*Lamennais.*)

377. « Une assemblée quelconque d'hommes ne peut constituer une nation, et même cette entreprise excède en folie ce que tous les *Bedlains* de l'univers peuvent enfanter de plus absurde, de plus extravagant. » (*De Maistre.*)

378. « Aux corps représentatifs appartient seulement de critiquer, mais ils sont incapables pour faire des constitutions. » (*M. Bargnu*, député d'Holstein.)

379. « Les assemblées sont tantôt parfaitement insignifiantes, tantôt terribles. » (*M. Guizot.*)

380. « L'esprit parlementaire est essentiellement révolutionnaire. » (*M. Darimon.*)

381. « Il semble que les têtes se rétrécissent lorsqu'elles sont assemblées, et que là où il y a plus de sages, il y a aussi moins de sagesse. » (*Montesquieu.*)

382. « Si la sagesse descendait sur la terre, elle aimerait mieux se loger dans une seule tête que dans celles d'une compagnie. » (*Sully.*)

383. « Si l'homme et la société sont faits pour vivre

dans le trouble et l'agitation, les gouvernements représentatifs sont, sans contredit, ceux qui conviennent le mieux à la nature de l'homme et à celle de la Société. » (*Bonald.*)

384. « Il faut avouer qu'en effet la foi publique est ébranlée dans l'ensemble du mécanisme constitutionnel, et que les principes du gouvernement représentatif, tel qu'il a été défini et pratiqué jusqu'ici, cessent d'être applicables à notre situation. » (*Lamé.*)

385. « Ce qui se passe, indique-t-il la décrépitude du gouvernement représentatif ou sa transformation prochaine? Ici est le nœud de la question; car je repousse l'idée qu'un tel état de choses soit normal et définitif. » (*Lamé.*)

386. Une assemblée populaire n'est jamais l'expression fidèle et légitime de la volonté nationale, mais seulement de celle d'un parti ou d'un ministère.

387. La nécessité de l'appui des assemblées pour le ministère dans les gouvernements représentatifs, légitime son intervention dans les élections.

388. Par conséquent, la corruption électorale devient un élément de vie pour les gouvernements représentatifs.

389. Le libéralisme, par son opposition à reconnaître la base religieuse comme seul fondement de l'ordre, entretient la vie au système représentatif, miné partout.

390. Malgré cela, les gouvernements représentatifs marchent toujours vers... la mort.

PROTESTANTISME SCIENTIFIQUE.

INSTRUCTION ET ÉDUCATION.

391. Avec la liberté d'examen, que prêche l'école libérale, l instruction se fait protestante et hostile à l'éducation.

392. L'instruction protestante se soustrait à l'influence de l'éducation religieuse, et finit par la remplacer.

393. Dès que cette influence cesse, la loi parle seulement d'instruction et jamais d'éducation.

394. Il existe aujourd'hui un véritable antagonisme entre l'éducation donnée à l'enfance et l'instruction fournie à la jeunesse.

395. L'éducation et l'instruction diffèrent l'une de l'autre, sous le protestantisme politique ou libéralisme, et cette différence conduit à l'anarchie.

396. Toute foi meurt, lorsque l'éducation ne la transmet pas, ou lorsque l'instruction détruit ce que l'éducation inculque.

397. L'instruction donnée aujourd'hui, étant bornée aux vérités de l'ordre physique, devient incapable de procurer la connaissance de la règle morale.

398. Le défaut d'instruction solide établit l'anarchie entre les vérités données par l'instruction et les sentiments fournis par l'éducation.

399. L'instruction négative ou de protestation

augmente plus que l'instruction positive ou d'acquisition de connaissances, et toutes les deux coopèrent à détruire les fruits de l'éducation.

400. Le raisonnement ou la seule instruction finit par détruire les sentiments donnés par l'éducation, savoir : la *foi*, le *devoir* et le *respect à l'autorité*.

401. Un peuple très-instruit, dans le sens ordinaire du mot illustration ou civilisation, cesse d'être religieux.

402. Toute instruction ou développement de l'intelligence produit une augmentation dans les besoins, et toute augmentation dans les besoins compromet l'existence de l'ordre, lorsque manque le modérateur religieux donné par l'éducation.

403. La société, en développant l'intelligence des masses, contracte de nouveaux devoirs envers elles, qui l'obligent à introduire dans les conditions de son existence des changements inopportuns et précoces, en désaccord complet avec les moyens de la satisfaire.

404. Malheureusement, telle est la tendance de l'enseignement appelé *libéral*, de l'époque actuelle.

405. La conséquence immédiate de généraliser l'instruction, c'est la nécessité d'introduire des changements dans les conditions organiques de la société.

406. « L'instruction et non pas l'éducation, c'est le but que l'enseignement se propose aujourd'hui. » (*M. Dunoyer.*)

407. Les gouvernements contribuent aussi à l'anarchie, en répandant et en généralisant l'instruction plus que l'éducation.

408. Les gouvernements qui s'appellent conservateurs y contribuent encore par l'instruction relative qu'ils prodiguent aux masses non encore élevées dans les principes religieux.

409. Ce n'est donc pas l'instruction qui est nuisible en elle-même, mais son désaccord avec le manque d'éducation morale.

410. La criminalité pullule au milieu des besoins et des excitants que fait naître l'instruction séparée de l'éducation.

411. « La seule chose qui frappe, lorsque l'on considère l'éducation domestique et surtout celle des écoles, dans leurs rapports avec la formation des mœurs, c'est leur insuffisance, il faut le dire, leur *nullité*, relativement à ce grand objet. » (*M. Dunoyer.*)

412. Les conséquences déplorables des inégalités sociales augmentent avec le développement et la diffusion de l'instruction.

413. « En propageant les lumières, vous n'avez fait qu'accroître les besoins légitimes du peuple et enflammer de plus en plus cette passion d'égalité qui est à la fois la vertu et le supplice de notre âge. » (*M. P. Leroux.*)

414. « Si, par impossible, le prolétaire pouvait arriver à un certain degré d'intelligence, il s'en servirait pour révolutionner la société. » (*M. Proudhon.*)

415. « Il a été démontré que l'instruction sans morale est plus nuisible qu'utile au peuple. » (*M. P. Leroux.*)

416. « Tous les plans d'éducation populaire tentés depuis 1789 jusqu'à ces dernières années étaient mauvais, puisqu'il supposaient qu'éducation est purement synonyme d'instruction ou de culture intellectuelle. » (*M. M. Chevalier.*)

417. « Et cependant il y a plutôt à s'en féliciter qu'à le déplorer ; car ils eussent semé, non le goût du travail, mais le germe de la *dissolution sociale.* » (*M. Mich. Chevalier.*)

418. Autant l'on peut dire des plans d'enseignement décrétés dans les autres nations de l'Europe et de l'Amérique.

419. « Quand nous aurons des routes, quand les écoles auront appris à lire à tout le monde, vous verrez, si dès à présent vous n'y prenez garde, l'irréligion envahir les campagnes et les infecter. » (*M. M. Chevalier.*)

420. « S'occuper de l'éducation des classes pauvres, c'est créer dans ces âmes le plus atroce antagonisme, c'est leur inspirer des idées que le travail rendrait insupportables, des affections incompatibles avec la grossièreté de leur état, des plaisirs dont le sentiment est erroné. Si

un pareil projet pouvait réussir, au lieu de faire du travailleur un homme, on en ferait un démon. » (*M. Proudhon.*)

421. « L'instruction ! eh ! que sert-elle à des misérables qui n'ont pas de quoi subsister ? Elle les poussera à la révolte. » (*Fourrier.*)

422. « L'ignorance est un moindre mal que la fausse science et la démoralisation. » (*M. M. Chevalier.*)

423. « L'éducation a perdu toute son importance pour former les mœurs. » (*M. Dunoyer.*)

424. « Lorsqu'il s'agit d'écoles et d'instituteurs, le mot *éducation* n'est propre qu'à réveiller des idées fausses et qu'à faire naître des exigences impossibles à satisfaire. » (*M. E. de Girardin.*)

425. L'instruction séparée de l'éducation augmente plutôt le nombre dangereux des prolétaires intelligents, qu'elle ne diminue le nombre malheureux des prolétaires travailleurs.

426. « Si l'éducation contrariait l'instruction, il n'y aurait peut-être pas d'académies ; mais si l'instruction contrariait l'éducation, il n'y aurait bientôt même plus de société. » (*Bonald.*)

427. La limitation de l'instruction est aujourd'hui impossible, car ceux mêmes qui sont intéressés à conserver l'ignorance ont besoin de la diffusion des lumières.

128. Le maintien de l'ignorance devenant donc incompatible avec la loi progressive de l'époque, et l'éducation manquant de base morale pour la diriger, son règlement définitif devient impossible sous le système actuel.

429. ˙ La liberté d'enseignement suppose la conformité universelle à un principe social reconnu et adopté par tous les hommes; mais comme ce principe n'est pas encore accepté, la liberté d'enseignement devient anarchique.

430. ˙ L'instruction générale est actuellement incompatible avec l'exercice du travail; car celui-ci ne permet pas de loisir aux classes ouvrières pour s'instruire solidement dans ce qui leur convient le plus de savoir.

431. La proclamation de la théorie des *droits absolus*, substituée à la théorie et à la pratique des *devoirs*, a distrait les classes ouvrières des études professionelles.

432. « Le libre enseignement est un puissant moyen de généraliser l'athéisme. » (*Lamennais.*)

433. De l'impossibilité de borner l'instruction, et des inconvénients de la généraliser, naît la confusion anarchique de l'époque.

PHILOSOPHIE.

434. La raison continua son examen de toutes les vérités acceptées par la foi.

435. La raison, sans lumière religieuse, fut bientôt frappée des contradictions apparentes que l'existence sociale présentait avec la justice.

436. De la constatation que la raison crut faire de ces contradictions, elle passa de suite à nier l'existence d'une justice éternelle, parce qu'elle lui semblait incompatible avec le désordre social.

437. La négation de la justice éternelle borna la raison à l'examen de l'ordre purement matériel.

438. De tout point émancipée de la foi, la philosophie, expression de la raison, devint exclusivement matérialiste.

439. C'est pour cela que la phase matérialiste a été la première dans le développement de la raison émancipée.

440. De l'impossibilité de trouver, par le matérialisme, l'explication des lois et des conditions sociales, naquit le scepticisme moderne.

441. Ce scepticisme ne nie pas, comme l'ancien, la réalité des phénomènes matériels, mais la réalité de *Dieu* et des *âmes*.

442. C'est ainsi que la philosophie s'est trouvée en rébellion permanente contre la religion.

443. Tous les délires philosophiques datent de Platon et d'Aristote.

444. Le matérialisme du XVIIIᵉ siècle et l'anarchie du XIXᵉ se rapportent plus immédiatement à Bacon.

445. « La philosophie du XVIIIᵉ siècle n'est plus qu'une vaste et rigoureuse application du principe fondamental de Descartes. » (*M. Proudhon.*)

446. « Presque toutes les métaphysiques mènent à la négation de Dieu, et de la négation de Dieu à l'anarchie. » (*Timon.*)

447. « La philosophie, à sa dernière heure, ne sait rien de plus qu'à sa naissance. » (*M. Proudhon.*)

448. « L'Europe, le centre et le foyer de toutes les lumières du monde, attend encore une philosophie. » (*Bonald.*)

449. « L'histoire de la philosophie ne présente, au premier coup d'œil, qu'un véritable chaos. » (*Ancillon.*)

450. « Nous n'estimons pas que la philosophie vaille une heure de peine. » (*Pascal.*)

451. « La philosophie est purement négative, car, au lieu de nous apprendre quelque chose, elle n'est dirigée, de son propre aveu, qu'à détromper l'homme, à ce qu'elle dit, de tout ce qu'il croyait savoir. » (*De Maistre.*)

452. « Ce ne sont pas les philosophes qui connaissent les erreurs; ils ne les voient qu'à travers les préjugés de la philosophie, et je ne sache aucun état où l'on en ait tant. » (*J.-J. Rousseau.*)

453. « La philosophie manque de critérium, d'autorité et d'évidence. » (*Bonald.*)

454. « L'histoire de la philosophie n'offre plus qu'une multitude d'hypothèses, d'opinions, de sectes, d'erreurs et de contradictions déplorables. » (*De Gerando.*)

455. La philosophie moderne est arrivée à avancer les deux assertions suivantes :

456. « Parmi ceux qui ont fait des études philosophiques un peu étendues, il est évident aujourd'hui que la morale existe indépendamment des idées religieuses. » (*M. Guizot.*)

457. « La religion est le complément et non la base de la justice. La justice même est plus indépendante de la religion que la religion de la justice. » (*M. Cousin.*)

458. En compensation de ces assertions mortelles pour la société, d'autres penseurs ont vu plus clair dans le labyrinthe philosophique.

459. « Il n'y a pas de véritable démonstration en philosophie. » (*Kant.*)

460. « La philosophie n'est plus que l'idée d'une science possible. » (*Kant.*)

461. « Non, la philosophie ne peut opposer au vice que des freins impuissants, comme elle ne peut proposer que des prix chimériques à la vertu. » (*Lamennais.*)

462. « On appelle philosophie le spectacle de l'homme ici-bas, qui, dans sa raison, ne trouvant que doute et

incertitude, subit néanmoins l'un et l'autre plutôt que d'abandonner la raison. » (*M. de Vieilleaflot.*)

463. « La philosophie, c'est le culte de la raison. Un philosophe est un homme qui persiste dans sa raison, et qui, plutôt que de l'abandonner, se maintient dans le doute. » (*M. de Vieilleaflot.*)

464. En résumé, tous les philosophes ont déclaré folie et stupidité les systèmes philosophiques précédents.

465. La philosophie a été incapable, jusqu'à ce jour, de découvrir le *droit absolu* basé sur une sanction inévitable.

466. La philosophie n'a fait autre chose que troubler la société.

SCIENCE.

467. La *science*, plus vaniteuse encore que la philosophie, osa expliquer, par ses moyens, les phénomènes de la pensée et du sentiment.

468. Voici l'expression concrète de quelques-uns de ses principaux égarements (1).

469. « Il y a un principe universel de la matière et des manifestations de la matière par elle-même. »

470. « L'intelligence est relative au volume cérébral. »

____

(1) Ces citations sont prises d'un des remarquables ouvrages de M. Collins, comme nous l'avons dit dans l'*Introduction.*

471. « L'essence de l'animalité est la sensibilité, la volonté, l'instinct, l'intelligence, et le tout est relatif au système nerveux. »

472. « Le système nerveux détermine l'intelligence. »

473. « C'est le cerveau qui sert de critérium à l'intelligence. »

474. « L'intelligence tire son origine de la puissance spéciale du cerveau. »

475. « C'est dans l'homme que se trouve le plus grand développement de l'intelligence, ce qui dépend d'un plus grand système nerveux. »

476. « La prédominance des lobes cérébraux caractérise l'humanité. »

477. « L'intelligence des animaux est tout à fait comparable à celle de l'homme, et absolument de même nature. »

478. « C'est dans les liquides que réside la vie ; c'est des liquides que se fait une sécrétion qui se transforme en nerf, en sensation, en volonté. »

479. « Les mœurs des animaux ne sont que des conséquences de leur organisation, et l'homme est toujours à la tête de la chaîne animale. »

480. « La *sensation* et l'*intelligence* ne peuvent encore être rapportées à un simple fait de gravitation, d'électricité ou de chaleur ; il est possible que *matière* et *intelligence* dérivent exclusivement *de l'une* de ces forces. »

481. « C'est le développement de la masse encéphalique qui constitue la supériorité de l'homme sur le reste du règne animal. »

482. « Les philosophes naturalistes ont tous reconnu que les facultés intellectuelles ont pour origine le système nerveux. »

483. « L'intelligence est la dernière expression du système nerveux. »

484. « A mesure que l'animal s'élève sur l'échelle, le système nerveux se concentre, et les facultés intellectuelles sont en rapport avec la centralisation. »

485. « L~ cerveau juge la sensation ; de là, la fonction de perception et d'entendement, d'où dérive la morale pour la fonction relative à la volonté. »

486. « Ce qui chez l'homme constitue le *moral*, existe chez un grand nombre d'animaux. »

487. « C'est une conquête immense pour l'histoire naturelle, d'avoir rattaché la conscience à la matière. »

488. « La psychologie n'est qu'une branche de la physiologie.

489. « Ce qui relève le plus la phrénologie, c'est qu'elle est fondée exclusivement sur la matière. »

490. « La conscience tient à un organe, et elle est en proportion de l'organe. Cela paraîtra impie, blasphématoire à certains croyants. Peu importe, *c'est la vérité.* »

491. « La volonté est une impulsion instinctive qui appartient à chaque organe. »

492. « Le mouvement volontaire ainsi que le sentiment dépendent de la force nerveuse. »

493. « Les philosophes ont dit qu'il y a un *moi* pour percevoir les sensations : cela n'est pas ; il n'y a pas de *moi*.

494. Le *moi* est un être hypothétique appelé *âme*, *esprit* et *sensorium commun*, ou tout ce que vous voudrez. »

495. « Tout est matériel. Le spiritualisme est une négation, et une négation n'a pas de valeur. »

496. « Le monde moral repose sur des propriétés comme le monde physique, et si nous observons bien, nous pourrons conclure relativement au moral comme nous concluons au physique. »

497. « Nous sommes un produit de la croûte du globe, un produit de l'organisation. N'est-ce pas une fatuité que de vouloir s'imaginer qu'il y a pour soi un être au-dessus de la nature? »

498. « Gall et Spurzheim ont dit que l'organe de la vénération donne l'idée de *Dieu* ; ils ne le croyaient pas eux-mêmes. Cet organe porte seulement l'artiste à construire un Dieu, et la multitude se prosterne devant l'idole. »

499. « Ceux qui ont dit que les idées de bien et de mal sont nécessairement liées à l'existence de Dieu, se sont trompés. »

500. « C'est l'idée de la cause première, donnée par l'organe de la causalité, qui se nomme *Dieu*. Dieu est une idée nécessaire et ce n'est qu'une idée. »

501. « *L'âme* et *Dieu*, s'ils existent, appartiennent au domaine des idées »

502. La vénération, jointe au merveilleux, produit l'adoration. Si cette faculté dominait, les hommes seraient des fous. »

503. « L'individualité, c'est la forme unie à la matière. Ce qui est avant et après l'individu est la matière chaotique, l'inconnu, X. »

504. « Les croyances religieuses ne sont qu'une forme des opinions philosophiques ; les croyances religieuses sont un besoin. »

505. « C'est l'instinct qui constitue les sociétés chez l'homme comme chez les autres animaux. »

506. « Le chef-d'œuvre de la philosophie a été de rendre la morale indépendante de toute religion. »

507. « Un homme qui voudrait appuyer la religion sur la raison ferait bâiller. »

508. « La vertu n'est un bien qu'à cause des plaisirs qui en dérivent ; le vice n'est un mal qu'à cause des peines qui en sont la suite. »

509. « Les actes intellectuels et moraux appartiennent aux propriétés de la vie animale, et non aux propriétés de la vie générale. »

510. « L'homme est dans l'ordre toutes les fois que ses organes sont dirigés vers ce que la nature le porte à faire. »

511. « La sanction est le plaisir ou la peine qui résulte de l'action. »

512. « La vérité absolue n'a d'autre critérium que la perception claire et distincte. Tout ce que je perçois, *est*. »

513. « Le fait est que nous ne connaissons point de certitude : il y a donc une foule qui doit croire par sympathie, par sentiment. »

514. « La certitude morale n'est pas en notre puissance.

515. Telles sont, en résumé, les doctrines scientifiques et morales qu'on a enseignées et qu'on enseigne encore dans les nations les plus civilisées du monde.

516. Les principes scientifiques les plus récemment déduits de l'observation et de l'analyse anatomique constatent la similitude absolue des facultés de l'âme avec les forces organiques.

517. D'après la science, la perception, la mémoire, la volonté, la pensée, l'intelligence, en un mot, ne sont que des forces organiques.

518. D'après la science, aussi, chaque faculté réside et agit exclusivement dans un organe spécial et au moyen de lui, et l'extinction de cet organe amène l'extinction totale, absolue de la faculté.

519. D'après la science, enfin, la durée des facultés ou des fonctions intellectuelles dépend essentiellement de la durée des organes, dont le fonctionnement régulier constitue ces facultés.

520. La science établit donc qu'en dehors des organes il n'y a pas de facultés, et qu'en dehors de l'organisme il n'y a pas d'existence intellectuelle. (1)

521. Les distinctions absolues entre la vie, la sensibilité et l'intelligence, établies et démontrées par les derniers travaux scientifiques, détruisent le principe matérialiste de la philosophie moderne.

522. D'après ces derniers travaux, *penser n'est pas sentir; penser n'est pas même percevoir.* (*M. Flourens.*)

523. La destruction du principe matérialiste de la philosophie, faite récemment par la science, ne laisse pas moins subsister la base matérialiste dans celle-ci.

---

(1) Dans les cinq aphorismes précédents, j'ai tâché de résumer les principes de la moderne physiologie de M. Flourens, exposée avec une concision et une clarté admirables, dans un petit livre intitulé *la Vie et l'Intelligence*, dont j'ai annoncé, dans des journaux espagnols, la réfutation, depuis lors terminée.

524. L'intelligence, appliquée à l'observation et à l'étude des phénomènes de l'ordre physique, a fait d'incontestables progrès scientifiques qui caractérisent l'époque actuelle.

525. La raison, dans ses investigations, a été quelquefois rétrograde, en niant des principes déjà acceptés par elle.

526*. Quant à l'ordre moral et après l'affaiblissement de la foi, la raison n'a pas encore découvert le critérium de la vérité réelle, non apparente, qui appartient à cet ordre.

527. Malgré tous les systèmes philosophiques, la raison n'est pas non plus parvenue à découvrir un seul principe moral qui ne se trouve pas énoncé dans les révélations.

528*. Sous le point de vue religieux, la raison n'a servi qu'à affaiblir les croyances, sans leur substituer la démonstration de la vérité d'une manière incontestable pour l'humanité entière.

529. De l'action simplement protestante de la raison, est résulté le défaut d'harmonie entre la science et la vertu.

530. Dans l'ordre logique des idées, et sous la subordination de la *science* à la *religion*, les mots *savant* et *vertueux* devaient être synonymes.

531. Sous le matérialisme, la richesse intellectuelle ou la science peut se trouver unie à une grande pauvreté morale.

532. La science, faisant tout dépendre de l'organisme, ne s'est pas aperçue qu'elle lui attribuait des facultés qu'il ne peut pas avoir.

533. Par la même erreur, la science attribue les actes au développement des organes.

534*. C'est ainsi que les faits, coordonnés par le raisonnement, semblent démontrer la suprématie de la matière, en constituant la science actuelle matérialiste.

535. La science, bornée par le matérialisme des organes, n'a pas pu voir l'analogie admirable qui règne entre les *moyens* et les *causes* : le développement des organes est en proportion avec l'intensité des facultés, qui ne dépendent pas d'eux.

536. Le matérialisme scientifique résulte de ce qu'il considère les facultés de l'âme comme une conséquence du développement de la vie organique.

537. Pour la science matérialiste, le développement de l'intelligence provient du développement des organes, tandis que c'est le contraire qui a lieu.

538. Pour la science matérialiste, l'intelligence dérive de l'organisme, lorsque celui-ci n'est, en réalité, que le *moyen* par lequel l'intelligence fonctionne.

539. La confusion que fait la science, de la *sensibilité* avec la *vie*, conduit à identifier l'*âme* avec l'*organisme*, l'*esprit* avec la *matière*.

540. De l'acceptation de l'idée scientifique matérialiste, relative à la vie, s'est suivi l'anéantissement de l'idée morale de l'existence.

541. La limitation de la durée de l'existence à celle de la vie organique détruit par sa base la morale et la religion.

542. De la manière de considérer la vie *passagère* du corps, indépendamment de l'existence *éternelle* de l'âme, sont surgies toutes les erreurs fondamentales du libéralisme, de l'économisme et du socialisme modernes.

543. L'erreur de la science matérialiste n'est ni dans l'inexactitude ni dans le défaut de vérité des rapports *physico-intellectuels* qu'elle observe et qu'elle constate, mais dans ses déductions, donnant comme des *causes* de simples *effets* ou des moyens d'action, et comme des *effets*, la véritable *cause*.

544. Toute l'erreur de la science matérialiste provient de juger *à posteriori* pour les *apparences*, en attribuant à l'*instrument* les fonctions du *moteur*.

545. La science ne sortira de cette erreur qu'en devenant *spiritualiste;* ce qui en langage philosophique peut être exprimé ainsi : que d'*objective* qu'elle est aujourd'hui, elle devienne *subjective*.

546. Le matérialisme et le sensualisme, qui prédominent dans la science, ont envahi aussi la sphère où dominait le sentiment artistique.

547. Les sources du *beau* et du *sublime* se sont éteintes avec le sentiment moral.

548. L'extinction de la foi et le scepticisme qui s'en est suivi tarirent les sources de l'inspiration artistique.

549. L'extinction de l'*idéal* laissa les productions d e l'art réduites à la *forme*.

550. « Car celui qui commence par douter, par analyser, tue en soi l'inspiration, et la lumière intuitive fuit derrière les brouillards du scepticisme. » (*M. Huzar.*)

551. « Je vous le dis : la foi, la révélation, qui furent au monde moral de l'antiquité ce que le soleil est à la nature, sa lumière et son foyer, se sont complétement éclipsées aujourd'hui, et la preuve, c'est que tout ce qui vit d'inspiration est mort : la source en est tarie. » (*Huzar.*)

552. Le défaut d'inspiration détruit la valeur de la littérature moderne.

553. La littérature, manquant de l'ancienne source où elle puisait l'inspiration, est restée aussi bornée à la forme.

554. La forme seule est illusoire et trompeuse lorsqu'elle ne couvre aucune vérité réelle.

555. La littérature, en appliquant les formes du sentiment aux sujets de discussion, a répandu l'inexactitude et la confusion parmi les études morales et politiques.

556. Lorsque l'écrit ou le discours manquent de vérités incontestables, ils ne peuvent avoir de mérite que dans la forme.

557. Cette forme apparente, seule vitalité de la littérature moderne, s'est emparée de tous les ordres de vérités qui ne lui appartiennent point.

558. C'est ainsi qu'elle a envahi l'histoire dans le roman, la politique dans les assemblées, la science dans les académies, et la discussion universelle dans le journalisme.

559. La littérature moderne se passant de l'inspiration, patrimoine exclusif du génie, a été cultivée par tout le monde.

560. « La littérature, soit par le roman, soit par le théâtre, n'épargne ni le devoir, ni l'honnêteté, ni la sainteté de la famille. » (*M. Lebrun.*)

561. « Le roman, qui a été longtemps la terreur des familles honnêtes, est devenu la terreur des hommes de goût. » (*M. Granier de Cassagnac.*)

562. La décadence de l'art moderne ne prouve pas le progrès de la raison virile, comme dit M. Proudhon, mais la décadence de l'inspiration, fille du sentiment moral.

563. La littérature sans fond, la politique sans base et la morale sans principes, sont les plaies intellectuelles de la génération présente.

PROTESTANTISME SOCIAL OU SOCIALISME

564. Le *socialisme* dérive directement et logiquement du *libéralisme*, comme celui-ci du protestantisme religieux.

565. Le protestantisme politique s'est transformé en protestantisme social, lorsqu'il s'est occupé des lois civiles.

566. Ainsi que tous les protestantismes, le *socialisme* est ou négatif ou positif ; c'est-à-dire ou de simple négation ou réformateur.

567. La confusion qui s'est faite et qu'on fait encore des deux socialismes est la cause du chaos qui règne sur la signification de ce mot.

568. La diversité des définitions données au mot *socialisme* eut son origine dans les tendances et les formules réformatrices des différentes écoles.

569. La diversité des écoles socialistes confirme le défaut de vérité chez elles ; car la vérité étant une, ne peut pas être divisée en écoles.

570. Le *socialisme* n'est que la manifestation protestante de la raison contre l'ordre social actuel.

571. Le *socialisme théorique* n'est que la troisième évolution du *protestantisme*, qui commença dans la protestation religieuse, suivit dans la protestation économique et politique, et se trouve aujourd'hui dans la protestation sociale.

572. Le *protestantisme social*, expression concrète de la destruction de l'organisation sociale ancienne, se montre sous diverses formules.

573. Les principales négations socialistes sont : dans l'*ordre économique*, la négation du privilége de la propriété et de l'intérêt du capital ; dans l'*ordre politique*, la négation du gouvernement ; dans l'*ordre moral*, la négation de l'autorité ; dans l'*ordre religieux*, la négation de Dieu.

574. Le protestantisme religieux, politique et social, a seulement rempli sa mission de destruction dans l'ordre des idées, sans avoir encore rien bâti dans l'ordre des faits.

575. Le socialisme réformateur ne s'est encore montré que par des utopies, les unes absurdes, les autres illusoires.

576. Les doctrines du socialisme positif ou d'organisation, exposées jusqu'à ce jour, sont, en général, ou matérialistes ou panthéistes.

577. Le socialisme le plus scientifique de l'époque, se basant sur la science, déclare absurde l'idée de l'immortalité de l'âme.

578. L'inefficacité réformatrice du *socialisme*, identique à l'inefficacité organisatrice de son père le *libéralisme*, provient de ce que tous les deux méconnaissent et rejettent la seule base de réforme et d'organisation qui peut exister pour les sociétés humaines.

579. Le protestantisme social ou socialisme comprend trois ordres principaux d'idées, savoir: idées *économiques*, *politiques* et *religieuses*, lesquelles répondent aux trois ordres de négation.

580. Sous ce premier aspect, le socialisme est *économiste*, sous le second il est *libéral*, sous le troisième il est *matérialiste* et *athée*.

581. L'évolution protestante de la pensée, dans chacune de ces trois catégories d'idées, est très-facile à suivre.

582. Dans l'ordre *économique*, elle établit la suprématie de la *richesse*; dans l'ordre *politique*, l'*autorité du nombre*; dans l'ordre *religieux*, l'omnipotence de l'*humanité*.

583. Les religions naturelles répondent au protestantisme philosophique, qui nie les religions révélées.

584. La *forme religieuse* du socialisme n'est pas le protestantisme religieux du XVIe siècle.

585. L'ancien protestantisme religieux antérieur à ce siècle protestait seulement contre quelques croyances ; le protestantisme religieux moderne proteste contre toutes.

586. Mais le principe du socialisme moderne, comme celui de tous les protestantismes, a été proclamé par le protestantisme ancien.

587. La *suprématie de la raison*, comme principe, et *la liberté absolue*, comme résultat pratique, sont les deux poles de la doctrine socialiste dans ses trois manifestations principales.

588. Les doctrines de démolition sociale, résumé des tendances socialistes, datent de Descartes, dont le système n'est autre chose que la *théorie philosophique du protestantisme*.

589. Le socialisme *économiste* est né en Angleterre, avec l'économie politique de la richesse.

590. Le socialisme *politique* est né en France, et il a été la conséquence des principes proclamés par la philosophie du XVIIIe siècle.

591. Le socialisme *religieux* est né en Allemagne, avec sa philosophie idéaliste.

592. Le *socialisme* concret, comprenant toutes les formes successives dans une seule expression, appartient à l'époque actuelle.

593. Le *socialisme* est l'expression la plus complète de la révolution qui menace la société.

594. Le *socialisme* sera la dernière phase du protestantisme philosophique et du protestantisme négatif.

595. D'après les maximes du socialisme moderne, les protestantismes religieux, politique et économique qui l'ont précédé, ont été incomplets.

596. C'est pour cela que, dans la dernière révolution, les socialistes méprisaient les démocrates politiques.

597. Le *socialisme*, dans sa logique sévère, déclare que l'*économisme* et le *libéralisme* manquent de valeur réelle, tant qu'ils n'agissent que comme *protestantismes sociaux*.

598. Le *socialisme*, lorsqu'il s'occupe de questions économiques, constitue la phase la plus moderne de l'économie politique.

SOCIALISME ÉCONOMISTE.

TRAVAIL ET CAPITAL.

599. Le protestantisme social économique, ou *économisme*, se trouve aujourd'hui dans la période de son plus grand progrès.

600. Avant de parvenir à cette période, l'économisme a offert diverses phases ou transformations.

601. Toutes les transformations économiques qui ont eu lieu dans la société se rapportent au travail, comme source de la richesse.

602. Le *travail* ou les diverses manières dont les forces humaines ont été employées, constituèrent les diverses organisations économiques de la société.

603. Chaque degré de dépendance du travailleur répond à une période différente dans l'histoire de l'humanité.

604. Sous le système nobiliaire ou de la propriété territoriale par privilége, le capital se trouvait sous la dépendance de celle-ci.

605. Avec la création de la forme industrielle, le capital trouva un emploi indépendant de l'exploitation agricole. Ce fut alors que les deux ordres agricole et industriel du travail commencèrent à agir séparément.

606. Les jurandes et les corporations constituèrent la forme industrielle de cette période.

607. « L'établissement des corporations, si on en excepte l'abus de la fiscalité, était en harmonie avec la constitution politique des temps où il prit naissance. » (*Blanqui.*)

608. « Il y avait quelques avantages dans cette hiérarchie sévère, qui faisait du maître de l'industrie comme le chef de la famille des ouvriers, avec des pouvoirs presque aussi étendus que ceux du père sur les enfants. » (*Blanqui.*)

609. « Le régime de la féodalité a été un progrès de la législation politique, une première et inévitable transformation de l'esclavage païen. » (*M. le Duc de Valmy.*)

610. Une pareille organisation industrielle donna naissance à la richesse et à l'aristocratie industrielle ou *mobilière*, à côté de l'ancienne richesse et aristocratie territoriale *nobiliaire*.

611. « Ainsi s'élève à côté de la propriété foncière la richesse mobilière créée par le travail, et c'est en vain qu'on lui refuse dans l'État le rang qu'elle ambitionne et qu'elle va bientôt occuper. » (*Blanqui.*)

612. « Mais ce système fit abandonner les richesses naturelles pour les richesses artificielles, préparant cet esprit d'industrialisme manufacturier qui devait aboutir à l'esclavage des classes ouvrières. » (*M. de Villeneuve.*)

613. Les travailleurs agricoles et industriels retirèrent des avantages respectifs de cette forme transitoire.

614. L'émancipation partielle accordée à l'ouvrier et au paysan leur fit perdre la protection absolue qu'ils obtenaient jadis du maître et du seigneur.

615. Les tendances vers l'émancipation continuèrent d'agir, jusqu'à déclarer le *travail libre.*

616. Cette déclaration ne constitue pas une période de véritable émancipation des travailleurs : elle émancipa seulement le capital de son ancienne dépendance de la propriété territoriale.

617. Cette liberté réelle éleva la richesse mobilière au rang d'une véritable aristocratie. « Ainsi constituée, elle obtint la prépondérance par le droit de l'intelligence uni à la fortune. » (*M. Carné.*)

618. Depuis lors, le capital et l'intelligence, la banque et la science, se sont constitués en leviers pour soulever le monde.

619. L'économie politique moderne, prenant la puissance de la richesse, a substitué l'aristocratie du capital à l'aristocratie du sang et de la naissance.

620. L'ancienne aristocratie nobiliaire avait pour caractère distinctif le privilége ; l'aristocratie du capital domine par le monopole.

621. ˙ Dans l'ordre économique, la domination par la richesse remplaça l'ancienne domination par le privilége.

622. L'aristocratie nobiliaire adorait Dieu et obéissait au prince ; l'aristocratie du capital ne reconnaît d'autre Dieu que l'*or*, ni d'autre temple que la *Bourse*.

623. ˙ La domination ancienne était pondérée par la révélation, qui déclarait méritoires pour une autre vie les souffrances des malheureux exploités dans celle-ci.

624. ˙ La domination moderne ne donne de l'exploitation qu'elle exerce d'autre raison que la force, sans aucune consolation.

625. ˙ De l'organisation économique de la société actuelle résultent inévitablement la misère, l'ignorance et l'immoralité des classes ouvrières.

626. ˙ Réciproquement, la permanence de ces maux et leur progression sont indispensables au développement de l'organisation économique et de la richesse publique chez les nations régies par les principes modernes.

627. L'anarchie règne universellement dans le système industriel, dans le système intellectuel, dans le système moral ; en un mot, dans le système social qui comprend tous les autres systèmes.

628. Une contradiction déplorable existe entre les concessions faites par la révolution, et la pratique sociale résultant des besoins créés par la civilisation.

629. L'épargne prévoyante, en réduisant les consommations borne la production, et, par conséquent, elle amoindrit sa source ou le travail.

630. L'impulsion donnée au travail en augmentant la production diminue le salaire tandis que la réduction du travail, en diminuant la production, renchérit la consommation du travailleur.

631. Lorsque les conditions sociales organiques, propres à favoriser la consommation, manquent, l'excitation à une production considérable augmente le tourment du besoin.

632. La tendance générale à produire enfante les stimulants à la jouissance, lesquels stimulants sont en lutte permanente avec les moyens bornés d'acquérir.

633. La grande impulsion donnée à la production manufacturière nuit à la production agricole, en lui enlevant ses bras sédentaires.

634. L'accumulation des capitaux produit la baisse de leur intérêt, et l'agglomération des bras amène la diminution du salaire.

635. C'est pour cela que le progrès industriel finit par nuire au petit capitaliste qui vit de sa rente, et à l'ouvrier qui vit de son salaire.

636. La baisse de l'intérêt du capital, utile aux entreprises, permet seulement aux grandes de prospérer, et finit par éteindre les petites.

637. La baisse de l'intérêt du capital force les petits rentiers, ou à réduire extrêmement leurs dépenses, ou à descendre à la condition de prolétaires.

638. Il n'existe pas de véritable liberté de travail, puisque celui-ci dépend de la demande qui n'est pas du ressort du travailleur.

639. C'est pour cela qu'un économiste a dit justement : « En émancipant les hommes, on leur laissait des chaînes aux pieds ; la liberté allait leur devenir plus funeste que la servitude. » (*Blanqui.*)

640. Pour que la liberté du travail existe, il faut nonseulement que le travailleur puisse travailler quand il en a besoin, mais aussi que ses produits puissent toujours trouver un placement.

641. Il n'y a pas liberté de travail lorsqu'il y a impossibilité pour vendre.

642. Pour aussi longtemps que ces conditions réciproques ne seront pas remplies, la liberté tant prônée du travail, ne sera autre chose que la déclaration d'un *principe* et non pas la constatation d'un *fait*.

643. L'émancipation du travailleur exige des conditions préalables, économiques et morales, qui n'existent pas encore.

644. Les conditions économiques pour la liberté du travail n'ont pas encore été formulées par la science.

645. Le travail matériel diminuera avec le progrès des sciences, mais sous d'autres conditions sociales qui ne dépendent pas d'elles.

646. La division du travail est une loi forcée pour l'industrie moderne.

647. Le progrès de la mécanique, en enfantant la division du travail, a rendu éminemment matérielle et monotone la tâche de l'ouvrier.

648. « La dégradation de l'âme et du corps est l'effet nécessaire de la division du travail. » (*M. Proudhon.*)

649. A mesure que le principe de la division du travail reçoit une application plus complète, l'ouvrier devient plus faible, plus borné, plus dépendant.

650. « L'art progresse, mais l'artisan rétrograde. » (*M. de Tocqueville.*)

651. « La division du travail, hors de laquelle point de progrès, point de richesse, point d'égalité, subalternise l'ouvrier, rend l'intelligence inutile, la richesse nuisible et l'égalité impossible. » (*M. Proudhon.*)

652. « A moins d'une *recomposition* du travail, qui efface les inconvénients de la division, tout en conservant ses effets utiles, la contradiction inhérente au principe, est sans remède. » (*M. Proudhon.*)

LIBERTÉ ET INDIVIDUALISME.

653. L'économie politique, tout en s'appelant conservatrice, proclame la *liberté* comme base de ses réformes.

654. « J.-B. Say donne la plus haute expression des théories de l'école libérale : il pousse les principes jusqu'à leurs dernières conséquences, et arrive, en politique, à la condamnation du principe d'autorité ; en économie, à l'idéal de la concurrence illimitée ; en morale, à la doctrine de l'intérêt privé. » (*Programme du cours decrété en 1848.*)

655. L'économie politique moderne est caractérisée par la libre action qu'elle laisse à l'individu.

656. Ainsi naquit la doctrine de l'individualisme : c'est la doctrine de l'égoïsme imprévoyant.

657. L'école économique traduit le principe libéral et toutes ses conséquences, par la maxime *laisser faire*.

658. La maxime *laisser faire* prouve l'ignorance de ce qu'on *doit faire*.

659. La connaissance de ce qu'on *doit faire* suppose subordination de l'intérêt individuel à l'intérêt général.

660. Ce qui *doit être fait* ne sera jamais fait, si on en abandonne la direction à l'intérêt individuel qui est égoïste par essence.

661. Il est de tout point impossible que ce qui *doit se faire* résulte jamais de la liberté de *laisser faire*.

662. De la libre action des intérêts individuels naîtra l'anarchie et jamais l'intérêt général.

663. La maxime économique *laisser faire* témoigne de l'impuissance absolue de la science pour déterminer ce qui *doit se faire*.

664. Ce qui *doit se faire*, dans l'ordre économique ou économie sociale, ne dépend pas des réformes économico-politiques, mais de la constitution de l'ordre sur sa véritable base.

665. La science économique moderne n'a fait autre chose qu'inaugurer le principe dissolvant de sa prétendue liberté, qui n'existe pas.

666. L'économie politique, pour ne pas sortir de son cadre et devenir révolutionnaire, doit se borner à constater *ce qui est* et non pas à formuler *ce qui doit être*.

667. Alors son but sera atteint ; savoir : la *constatation d'un fait économique*, et non pas la constitution d'une *science à principes fixes*.

LIBRE CONCURRENCE ET LIBRE COMMERCE.

668. Ce qu'on appelle *libre concurrence* n'est autre chose qu'une lutte désastreuse pour la production.

669. La *libre concurrence* ou son synonyme, la *lutte*, oblige à étouffer tout sentiment généreux et charitable envers l'ouvrier.

670. « La concurrence universelle est semblable à un char brillant et mystérieux, dont les voyageurs qu'il emporte ne peuvent pas même voir et plaindre les passants qu'il écrase. » (*Blanqui.*)

671*. « La *concurrence illimitée*, qui est l'unique loi de l'industrie, qui rend les maîtres ennemis les uns des autres, contraint l'ouvrier à regarder son voisin comme un rival qui lui dispute son pain. » (*M. M. Chevalier.*)

672. Avant 1789, la famille industrielle existait ; aujourd'hui elle est dissoute. La filiation est rompue ; *chacun pour soi*. Le proverbe ajoute : *Dieu pour tous* ; ici il faudrait dire : *Dieu pour personne.* » (*M. M. Chevalier.*)

673. « La concurrence illimitée oblige les maîtres, sous peine de banqueroute, c'est-à-dire de mort industrielle, à augmenter sans cesse la tâche de l'ouvrier en réduisant d'autant la rétribution. » (*M. M. Chevalier.*)

674. Arrachez au cœur le sentiment de la charité, et alors la concurrence sera un fléau ; elle agira sur la société comme un dissolvant ; elle isolera tous les hommes.» (*M. M. Chevalier.*)

675*. La *liberté universelle du commerce*, complément de la *liberté du travail*, reste aussi utopique tant qu'il existe des nations ayant nécessairement des intérêts opposés qui rendent impossible la prospérité de tous.

676. Pour que le libre commerce universel existe, il faut que les divisions politiques disparaissent, et que toute l'humanité ne fasse qu'une seule et même famille.

677. Cela suppose l'acceptation universelle du principe religieux comme base de l'ordre moral.

678*. Mais comme ce principe n'est pas encore universellement reconnu, la fusion de tous les peuples devient illusoire, ainsi que la libre concurrence et le libre commerce entre eux.

679*. Aujourd'hui la liberté du commerce entre les nations ferait dominer la plus habile ou la plus forte.

680*. La libre concurrence entre les nations augmenterait l'exploitation des ouvriers dans toutes.

681. Les justes craintes de pareils résultats, désastreux pour chaque pays, ont dicté les lois économiques répressives de la liberté, contre lesquelles déclament les libre-échangistes.

682. Les partisans des lois restrictives ont raison dans l'époque relative ou pratique ; mais ils sont dans l'erreur en théorie absolue.

683. Les partisans de la liberté ont raison en théorie absolue, mais ils se trompent dans l'époque relative.

684. La liberté de commerce entre les nations suppose des conditions d'unité sociale et de communauté d'intérêts qui n'existent pas encore.

685*. De là résulte que les principes de liberté économique, proclamés jusqu'à ce jour, sont incompatibles avec la constitution actuelle de la société.

686. Ainsi, et par effet du défaut de base morale dans les sociétés modernes, la *liberté* devient *anarchique*, l'*égalité illusoire* et la *fraternité utopique*.

INDUSTRIALISME.

687. La science économique, essentiellement matérialiste, no regarde plus qu'à la production et à la consommation.

688. La pratique économique de la science du jour peut se traduire par le mot *industrialisme*.

689. L'*industrialisme* est la résultante fatale de l'application des maximes égoïstes de la science.

690. L'*industrialisme*, basé sur la science économique, est exigeant et tyrannique envers l'ouvrier.

691. L'*industrialisme* demande aux forces humaines plus que ce qui est juste d'obtenir.

692. Le repos, la satisfaction des besoins intellectuels, l'accomplissement des devoirs sociaux et religieux sont contraires à l'intérêt de l'industrialisme.

693. L'élévation du salaire ou du profit de l'ouvrier, devient aussi nuisible à l'industrialisme. Ses principes et ses tendances sont tout opposés.

694. L'industrialisme ne prend en compte que la satisfaction des besoins matériels indispensable pour soutenir les forces de l'ouvrier.

695. Sous la loi de l'industrialisme, tout le temps de l'ouvrier doit être consacré à la production matérielle.

696. D'après la même loi, le prix ou la récompense dû à l'ouvrier est plutôt mesuré par les besoins impérieux qu'il a à satisfaire, que par le mérite de son travail.

697. L'intérêt de l'industrialisme consiste à réduire, au *minimum* possible, la durée du temps accordé au repos, au culte religieux et aux distractions honnêtes des classes ouvrières.

698. Pour l'industrialisme, le meilleur ouvrier est celui qui, ayant très-peu de besoins, manque de famille, de religion et de patrie.

699. L'industrialisme est donc logique, en exigeant la réduction du repos et de la récompense de l'ouvrier.

700. Il y a donc incompatibilité absolue entre le progrès de l'industrialisme, le repos et le bonheur de l'ouvrier.

701. Dans les grands centres industriels, il y a impossibilité que les enfants des ouvriers assistent à l'école, au temple et à l'atelier.

702. La réalisation de toute doctrine moralisatrice devient incompatible avec les principes de la science économique qui brisa les liens de l'ancienne famille ouvrière.

703. Le désaccord entre le salaire de l'ouvrier et les besoins de sa famille, exige un contingent forcé de travail pour la femme et les enfants.

704. Par la même cause, la famille ouvrière ne peut pas accepter les règlements bienfaisants d'une législation philanthropique et prévoyante.

705. L'ouvrier religieux, qui ne se révolte pas contre le travail, accepte avec résignation ses conditions tyranniques ; mais la science matérialiste et athée tend à éteindre la résignation et à augmenter les besoins.

706. La science économique est impuissante pour assurer le travail, augmenter sa récompense et diminuer sa durée.

707. Les efforts du christianisme se brisent contre les exigences de l'industrialisme.

708. Par suite de l'action exigeante et tyrannique de l'industrialisme, la mécanique n'a pas diminué, en réalité, la tâche de l'ouvrier.

709. L'application des machines et la division du travail, sont parvenues à rendre plus mécanique et plus automatique la tâche de l'ouvrier.

710. L'infatigabilité des machines et la dépense qu'occasionne leur repos, forcent à réduire celui que demande l'ouvrier.

711. L'introduction des machines, au lieu de réduire la tâche de l'ouvrier, l'a subordonnée à leur action et à leur mouvement incessant.

712. Par effet des deux tendances, l'une matérialiste de la science économique et l'autre égoïste de l'industrialisme, la mécanique, au lieu d'être le rédempteur providentiel du travail matériel, est devenue son tyran.

713. D'après les principes de la science économique, les forces humaines et les forces mécaniques sont des éléments identiques, des quantités homogènes dans les calculs industriels.

714. C'est pour cela que l'aliment et le repos sont seulement considérés comme des moyens indispensables pour réparer les forces épuisées.

715. Le beau idéal de l'économie politique et de l'industrialisme serait la complète assimilation de l'ouvrier à la machine.

CRÉDIT. — AGIO.

716. Parmi les illusions créées par l'économie politique, se trouve l'idée de vouloir remplacer le *travail productif* par le crédit ruineux.

717. Le travail est le seul créateur de produits positifs, tandis que le crédit n'enfante que des produits négatifs ou illusoires.

718. Le crédit moderne, basé sur la richesse mobilière et sur l'espoir de ses profits, est aussi éphémère que ceux-ci.

719. La théorie du crédit fait admettre la maxime absurde que la dette enrichit.

720. Le crédit basé sur le capital, c'est le complément de la doctrine du capital reproductif.

721. La moderne théorie du crédit, c'est la doctrine de l'imprévoyance élevée à sa plus haute puissance.

722. Le crédit moderne, basé sur le capital et non pas sur le travail, grève celui-ci avec les intérêts qu'il prélève.

723. La théorie ruineuse du crédit jeta les fondements du temple de la Bourse.

724. Depuis lors, « la Bourse s'est élevée au rang d'institution sociale. » (*M. Saint-Olive.*)

725. La création d'immenses valeurs industrielles a détruit leur rapport avec le signe représentatif de la valeur.

726. La progression indéfinie dans la création de valeurs industrielles fait contraste avec la limitation de leur signe.

727. La logique des transactions rendait nécessaire d'augmenter le signe représentatif de la valeur dans la même proportion que les valeurs créées.

728. Mais cette équation est impossible tant que le signe de la valeur sera en lui-même une valeur; car il est impossible de représenter toutes les valeurs créées et à créer, réelles et fictices, par une seule valeur.

729. Faire dépendre la réussite des entreprises de la plus ou moins grande abondance du capital métallique, c'est maintenir en permanence le danger des crises sur les nations.

730. Les crises monétaires n'ont pas tant leur source dans l'abondance ou la rareté relatives des espèces que dans le vice du système qui les a établies comme seul signe de la valeur.

731. La lettre de change et le billet à terme seront insuffisants contre les crises, tant qu'on ne pourra les payer qu'avec le signe actuel de la valeur.

732. Le signe de la valeur, étant une marchandise, elle suit la loi générale d'aller chercher le marché où elle est le mieux payée.

733. C'est pour cela que la baisse de l'intérêt ou de l'escompte, dans un pays, déplace la crise.

734. La diminution ou la disparition du crédit et du capital, sont aujourd'hui indépendantes des véritables éléments vitaux des peuples modernes.

735. L'existence du crédit et du capital, chez une nation quelconque, est essentiellement précaire.

736. Malgré cela, la vie économique des peuples modernes dépend de cette existence éphémère.

737. L'abondance de matières premières et l'activité productrice d'un pays se trouvent subordonnées au capital et au crédit, pour pouvoir créer des produits commerçants.

738. Au milieu de l'abondance et de l'activité réelles, la vie économique s'éteint lorsque l'agent intermédiaire, nul par lui-même, se cache ou s'en éloigne.

739. Les crises monétaires et commerciales ont leur source dans l'organisation vicieuse du crédit et dans la nature et l'insuffisance du signe de la valeur.

740. C'est à cause de cela qu'une nation peut devenir victime d'une crise au milieu des conditions les plus propices pour l'abondance.

741. Ce phénomène, véritablement absurde, est suffisant pour révéler le vice radical du système économique qui l'engendre.

742. L'agio, les crises financières et toutes leurs conséquences, ne sont autre chose que les résultats logiques du système économique suivi par les nations modernes.

743. Les catastrophes réitérées, amenées par les vices du système économique, forceront à introduire la réforme qu'il réclame.

744. Tant que le signe représentatif des valeurs sera en lui-même une valeur, les calamités économiques de l'ère moderne ne finiront pas.

745. Tant que le crédit sera basé sur le capital et non pas sur le travail, la prospérité et la paix économique seront éphémères.

746. La loi se déclare impuissante contre les abus de l'agio.

747. L'opinion libérale de l'époque commence déjà, dans quelques pays, à protester contre le système actuel du crédit et des banques qu'elle-même avait créés.

OPPOSITION D'INTÉRÊTS. — HOSTILITÉ PERMANENTE.

748. Comme dans les affaires de la vie chacun ne regarde qu'au profit individuel, personne ne songe aux profits des autres que pour les diminuer.

749. Les transactions économiques sont établies de telle manière, que toujours une des parties contractantes se trouve lésée par l'autre.

750. C'est pour cela que le profit ou la prospérité pour un individu ou pour un pays, ne s'obtiennent qu'au dépend du profit ou de la prospérité d'un autre individu ou d'un autre pays.

751. La réalité pratique des intérêts contraires chez les individus et chez les nations, est venue sanctionner les maximes égoïstes de la science et de la politique.

752. L'opposition qui existe entre les intérêts des individus ainsi qu'entre les intérêts des nations, prouve que ces intérêts sont faux, puisqu'ils sont en désaccord avec l'intérêt suprême qui est celui de l'humanité.

753. L'opposition des intérêts réciproques est l'effet d'une organisation sociale vicieuse; le fait qu'une telle opposition nuit au progrès de la véritable civilisation en est la démonstration pratique.

754. On ne veut pas réfléchir que l'opposition dans les intérêts n'est point un principe, mais la résultante d'un ordre social où le sentiment religieux ne domine plus.

755. Les besoins matériels de la civilisation moderne demandent la fusion des intérêts internationaux, fusion qui s'opère malgré le principe hostile qui les sépare.

7

756. Mais cette fusion, plus apparente que réelle, est dictée par un besoin mutuel et égoïste, et non pas par un sentiment moral.

757. La même chose arrive parmi les individus réunis par les rapports sociaux. Toutefois, cette union apparente et matérielle conduit l'humanité vers l'unité réelle à travers l'anarchie.

758. Les erreurs et les contradictions des économistes et des politiques, témoignent de l'inexactitude et du défaut de base des sciences économique et politique.

759. Ces erreurs et ces contradictions favorisent le progrès de la révolution sociale.

760. Ainsi il est dit, avec raison, que « la révolution ne se trouve dans aucune des diverses nuances de la liberté, mais dans la liberté même. » (*La Esperanza*, journal de Madrid.)

761. Le système actuel de l'industrie et du commerce rend la fraternité entre les hommes et entre les peuples de tout point illusoire.

762. La pratique immorale est tellement inhérente à l'état social actuel qu'un individu ou une nation se ruinerait en suivant à la lettre les doctrines évangéliques de la fraternité.

763. C'est pour cela que sous l'organisation actuelle, l'égoïsme et l'industrialisme qui règnent dans les mœurs et dans les lois deviennent fatals et inévitables.

764. C'est pour cela aussique le matérialisme actuel est logique, lorsqu'il considère la *fraternité* comme une *utopie*.

765. De l'élimination du principe fraternel sont nées la maxime économique *laisser faire*, et la maxime politique *chacun pour soi*.

766. Les contradictions et les vices du système économique demandent avec urgence une réforme radicale, qui rende compatible le progrès et le bonheur avec les pratiques des maximes évangéliques.

767. Ce résultat sera la mort de l'économie politique actuelle.

MISÈRE ET PAUPÉRISME.

768. « On ne saurait douter que la misère publique ne soit un grand fait social, particulier aux États modernes, et qui se manifeste de plus en plus, à mesure que la civilisation se répand. » (*Blanqui.*)

769. Le paupérisme moderne est la conséquence directe de l'organisation industrielle basée sur la science matérialiste et non pas sur la morale.

770. Le paupérisme soutient le bas prix relatif des produits d'un pays en concurrence avec les autres pays.

771. C'est à cause de cela qu'il devient impossible de réduire ou d'anéantir le paupérisme chez une nation sans la ruiner.

772. Extinction du paupérisme, élévation des salaires et de la valeur des produits, et paralysie commerciale sont quatre faits corrélatifs et simultanés.

773. Contre la misère ancienne existait le remède de la charité chrétienne ; contre le paupérisme moderne la charité légale devient impuissante.

774. La misère moderne, par son étendue et sa progression, menace d'absorber les ressources des Etats.

775. Le désespoir est pour le malheureux d'aujourd'hui la suite de sa misère, car la raison philosophique a éteint chez lui la résignation religieuse.

776. La science moderne, qui créa le paupérisme, insulta après et maudit le pauvre.

777. La science économique, dédaigneuse et cruelle, proféra les blasphèmes suivants :

778. « Le pauvre est coupable de naître, est coupable de vivre, est coupable surtout de transmettre sa vie misérable. »

779. « L'homme qui se marie sans avoir l'espoir de nourrir sa famille doit être abandonné à lui-même ; son acte est immoral ; la misère est une peine naturelle et juste. »

780. « L'homme qui, en venant au monde, ne trouve pas de place au banquet de la vie, doit mourir. »

781. Toutes ces maximes et d'autres semblables sont basées sur des erreurs économiques et le défaut de sentiment moral.

782. Les maximes matérialistes de l'économie politique témoignent, dans leurs auteurs, une grande ignorance des principes qui doivent régir les transactions humaines.

783. « La loi brutale exprimée par Malthus se trouve au fond de tous les systèmes économiques anti-chrétiens. » (*L'Univers.*)

784. « L'erreur de Malthus, le vice radical de l'économie politique, consiste, en thèse générale, à affirmer comme état définitif une condition transitoire. » (*M. Proudhon.*)

785. Les appréciations erronées sur les populations et les subsistances, ont fait proposer des mesures barbares et absurdes, pour maintenir l'équilibre entre les premières et les secondes.

786. Une erreur capitale de l'économie politique, qui renferme toutes les autres, devint la source de ses contradictions nombreuses, entre autres celle de vouloir parvenir à ce qui *doit être*, en conservant et en encourageant *ce qui est*.

787. Le principal résultat qu'on puisse obtenir de l'étude de l'économie politique, à diverses époques, ou des diverses économies politiques relatives à chaque époque, c'est la constatation de ce qui a été le travail et la richesse dans chacune d'elles.

788. L'économie politique, en sortant de sa sphère historique, devint réformatrice.

789. Les réformes proposées par les économistes laissent toujours subsistante la cause des maux qu'ils se proposaient de soulager.

790. Les rares aspirations morales de l'économie politique en France ont été plutôt théoriques que pratiques.

791. Cette économie politique aspirait à améliorer la condition des classes laborieuses au moyen de la liberté : de là le socialisme se posa en réformateur de la société.

792. Ni les économistes, avec leurs remèdes partiels, ni les socialistes, avec leurs remèdes radicaux, n'ont pensé à la partie morale de l'homme et de l'humanité.

793. Les utopies de l'époque actuelle proviennent de la prétention d'établir dans la société présente, des doctrines qui dépendent de l'établissement du principe moral dominant l'humanité.

794. Des efforts faits pour rendre pratiques des théories économiques, irréalisables sous les conditions actuelles, résulte l'anarchie de l'époque.

795. Le socialisme économique substitue l'action de l'État à celle de l'intérêt individuel : la substitution serait rationnelle si l'État était régi par la loi morale.

796. La doctrine de l'individualisme fait regarder l'action de l'Etat comme inutile et même dangereuse.

797. Le manque de base morale au pouvoir suprême, le rend suspect à l'intérêt individuel.

798. L'organisation vicieuse de l'autorité moderne, qui est matérielle et non pas morale, détruit chez elle toute garantie pour exercer une action économique et tutélaire.

799. L'insuffisance de l'individualisme et la méfiance qu'inspire l'Etat privent de règle économique les sociétés modernes.

800. Des deux causes précédentes est né le principe d'association, pour satisfaire les exigences de l'individualisme méfiant.

801. Lorsque l'association manque de base morale, elle peut devenir la source d'une force immense, d'énormes abus et de terribles bouleversements dans l'ordre économique des Etats libres.

802. C'est par cette crainte que les gouvernements conservateurs tendent à comprimer l'association.

803. Les économistes socialistes invoquent et proclament l'organisation et la subordination des intérêts individuels à l'intérêt général.

804. Une pareille subordination sera illusoire, tant que le principe moral ne règnera point dans les sociétés.

805. La propagation des maximes libérales, lorsque la liberté manque de base morale, transforme la supposée science économique de conservatrice en révolutionnaire.

806. Les principes absolus, que l'économie politique ose proclamer pour se constituer en science, sont les uns *erronés*, les autres *utopiques*.

807. Lorsque l'économie politique proclame des vérités absolues, elle devient économie sociale, et se transforme de pratique en utopique.

808. La tendance et les efforts pour rendre pratique une doctrine utopique, conduisent au bouleversement des institutions, et en dernier terme à l'anarchie.

809. Vouloir rapporter à l'unité scientifique les maximes d'une supposée science, lesquelles sont seulement applicables en dehors de l'unité, c'est s'engager dans l'impossible.

810. Il est très-facile de déduire de la doctrine révolutionnaire toutes les maximes libérales de la science économique, et de celle-ci tous les principes qui servent de base au socialisme.

811. C'est pour cela qu'il devient inconcevable que les gouvernements conservateurs protégent l'enseignement d'une pareille science.

812. Cette imprévoyance chez les hommes qui croient remplir la mission conservatrice de l'ordre, est semblable à celle des princes protestants du XVIe siècle.

813. La liberté économique, pour parvenir à son but, doit entrer dans la phase socialiste. C'est ce que ne voient et ne veulent pas voir les économistes conservateurs.

III. MAL SOCIAL.

DÉFAUT DE BASE MORAL.

814*. L'examen a laissé l'autorité moderne sans base religieuse, et dès lors elle existe sans aucune espèce de sanction morale.

815*. Les religions de toutes les sociétés reposaient exclusivement sur des révélations et les révélations sur des croyances : l'examen, devenu incompressible, a sapé les croyances, sans avoir démontré, d'une autre manière, la réalité du lien religieux qui unit la vie temporelle à la vie future.

816*. Le caractère anarchique de la prétendue liberté moderne dérive surtout de l'absence de base morale, toute base morale étant incompatible avec le règne de l'opinion.

817*. Le système de la prétendue liberté moderne n'est accepté que lorsqu'il exprime l'opinion ; et comme celle-ci est variable, ce système devient aussi variable et par conséquent anarchique.

818*. La base religieuse étant détruite, la liberté devient absurde ; car la négation de la base religieuse est l'affirmation du matérialisme, et l'affirmation du matérialiste est la négation de la liberté.

819*. Ainsi l'humanité se trouve dans une période d'anarchie intercalée d'époques plus ou moins éphémères, d'un prétendu ordre basé sur la force matérielle.

820*. N'ayant pas de sanction religieuse incontestable, soit vis-à-vis de la foi, soit vis-à-vis de la raison, la société se trouve forcée de déclarer la loi *athée*, ce qui revient à déclarer que la loi n'a d'autre sanction que la sanction matérielle des hommes.

821*. Cette déclaration tacite a fait disparaître des Codes tout ce qui avait rapport avec une sanction relative à une autre vie, et dès lors le bourreau est devenu la seule base de l'ordre social.

822*. Le scepticisme, dominant dans la Société, donne pour résultat inévitable le matérialisme pratique.

823*. Ainsi tous les Codes des sociétés modernes sont entachés de matérialisme.

824*. L'ordre politique actuel, chez les peuples libres, est une résultante du matérialisme scientifique et de l'athéisme social.

825*. Le matérialisme social engendre toutes les attaques du crime contre l'ordre. Quand la société n'a de sanction que l'échafaud, le poignard de l'assassin fait équilibre au glaive du bourreau.

826*. La législation des sociétés modernes fait abstraction de toute sanction ultra-vitale. La législation du criminel en fait autant.

827. Avec la perte de la foi, la conscience publique est disparue, et il reste seulement des consciences individuelles et vagues.

828. De cet ensemble de causes, ayant toutes une même origine, sont nées la fraude, la mauvaise foi, la perfidie qui se répandent sur toutes les classes de la société.

829*. Telle est aussi la cause de la lutte acharnée qui existe entre les intérêts de nation à nation, de classe à classe, d'individu à individu.

830*. Les conséquences effroyables de la perte de la foi, sont : « Que tout dépend du hasard et de la fatalité ; qu'il n'y a, par conséquent, ni droit ni devoir ; que rien n'est vrai ; que rien n'est juste ; que vanité, vertu, justice sont des mots, et ne sont que des mots. (*M. P. Leroux.*)

831. Le défaut de moralité dans les principes économiques et politiques des sociétés modernes, fait que l'ordre social devient impossible.

832. Le défaut de sanction et de base morale dans la législation moderne la rend inefficace pour prévenir et pour punir.

833. Avec le progrès moderne, sans foi religieuse, « des crimes, peut-être inconnus aux enfers, viennent chaque jour accuser en face cette civilisation orgueilleuse qui les suggère et les rend possibles. » (*M. Carné.*)

834. L'administration, embarrassée par le progrès des crimes, a essayé de changer le système pénal répressif en système préventif et correctionnel.

835. A bout de ses moyens, la législation tâche d'introduire dans la prison l'élément moral qu'elle a négligée dans l'école et dans l'atelier.

836. L'entreprise devient stérile, car en laissant actif le foyer immoral dans la société libre, il continue de vomir les écumes vers la prison.

837. Ainsi la législation civile et criminelle, manquant de base religieuse, fondement de toute justice, devient inefficace lorsqu'elle n'est pas contradictoire.

838. Toutes les lois répressives du vice et du crime partagent le défaut commun de laisser subsistantes leurs causes primordiales.

839. Les mesures appelées philanthropique ont confirmé l'impuissance, sinon le vice de la charité légale.

840. L'artifice et la complication des lois préventives et philanthropiques fait contraste avec leur inefficacité.

841. L'insuffisance des moyens préventifs de la législation moderne peut seulement être comparée à l'inefficacité des mesures répressives.

842. « On n'a pas déterminé encore si dans la pénalité il faut tenir compte exclusivement du danger que le crime pouvait faire courir à la société, ou punir la criminalité de l'agent. » (*Le Constitutionnel.*)

843. En même temps, on affirme « que le préjudice à réparer n'est pas le bu direct de la pénalité, et que le caractère préventif de la peine n'en est qu'une conséquence. » (*Id.*)

844. Tout cela veut dire qu'on n'est pas encore d'accord sur le but et l'efficacité de la *pénalité.*

845. On appelle *loi* ce qui résulte de la décision d'intérêts plus ou moins nombreux, ou de ceux qui sont assez forts pour se faire admettre comme étant des intérêts généraux.

846. L'école libérale croit, avec Bentham, que le *droit* est la créature de la *loi.*

847. « On n'a pas encore décidé si c'est la *loi* qui procède du *droit* ou si c'est le *droit* qui procède de la loi. » (*Poncelet.*)

848. Chaque école politique, ainsi que chaque opinion sociale, entend et définit le droit à sa manière.

849. C'est pour cela qu'il a été bien dit : « La *justice* n'est que la puissance ; la *loi* n'est que la volonté du plus fort ; le *devoir*, que l'obéissance du plus faible. » (*Villeneuve-Bargemont.*)

850. Sous la domination de la loi matérialiste, le *devoir* n'est plus qu'une résultante de ce que prescrit le *droit* admis sans base et sans sanction ; le *devoir* n'est plus qu'un vain mot. (*Lamennais.*)

PROGRÈS MATÉRIEL.

851. Le *nominalisme*, ou l'émission de mots sans valeur déterminée, est la caractéristique d'une société où la science est matérialiste.

852. Parmi les expressions sans valeur réelle, le mot *progrès* peut servir d'exemple comme parole sacramentelle des sociétés modernes.

853. Ce *progrès* n'est que matériel, et en aucune manière moral.

854. L'existence des intérêts moraux est devenue simplement nominale.

855. Dès que la législation fait abstraction des intérêts moraux, les intérêts matériels doivent dominer et dominent effectivement.

856. ' La base religieuse étant détruite, la mission de l'autorité reste bornée à encourager les intérêts matériels qui proviennent des passions.

857. Le progrès matériel remplit une mission anarchique en devenant un auxiliaire puissant de la misère.

858. Le progrès matériel constate ainsi son impuissance pour fonder l'ordre social, dont la base doit être cherchée *en dehors du progrès*.

859. Le progrès, indépendant du principe religieux, est essentiellement révolutionnaire.

860. La science tend à diminuer les peines du travail au moyen des machines ; mais cette diminution progressive ne réduit pas les souffrances des classes ouvrières.

861. Les souffrances morales des classes ouvrières semblent plutôt augmenter avec le soulagement apporté au travail matériel.

862. Le progrès matériel fait sentir plus vivement aux classes malheureuses leur infériorité relative.

863. Le progrès matériel et le développement des facultés intellectuelles des classes laborieuses deviennent les sources du sentiment hostile contre les classes riches.

864. Le progrès matériel, actif excitant des jouissances matérielles, surexcite aussi le sentiment d'égalité encouragé par le libéralisme.

865. Lorsque l'idée religieuse ne domine point, pour donner aux souffrances du travail son véritable caractère d'épreuve et d'expiation, elle enfante seulement des sentiments de révolte, de haine et de vengeance, parce qu'on les croit injustes et contraires au principe d'égalité, absurdement déclaré légitime.

866. Lorsque les souffrances du travail ne sont pas acceptées par le sentiment de la résignation, celui de la révolte le remplace.

867. Aucun système économique, aucune mesure administrative ne peut empêcher les funestes conséquences du progrès matériel indépendant du sentiment moral.

868. Tout le socialisme destructeur moderne s'appuie sur ces inévitables conséquences du *progrès* matériel indépendant du sentiment religieux.

869. L'imminence du danger et l'impuissance des moyens employés jusqu'à ce jour, recommandent la réforme morale comme le seul remède contre les malheurs qui menacent la société.

870. La liberté illimitée de l'homme, sans le modérateur religieux, conduit la société à une immense catastrophe.

871. « La liberté illimitée peut servir à la fois de flambeau pour éclairer et de torche pour incendier. » (*M. Huzar.*)

872. Cette diversité d'action de la liberté provient de sa dépendance ou de son indépendance de la *loi morale.*

ÉTAT PRÉCAIRE BASÉ SUR L'OPINION.

873. Dans l'époque actuelle, il y a désaccord ou manque d'harmonie entre tous les différents ordres de la constitution sociale.

873 (*bis*). Le plus grand danger de la lutte actuelle vient de ce qu'elle a lieu entre des doctrines qui se détruisent mutuellement.

873 (*ter*). «Les doctrines ne peuvent être ébranléesque tout ne s'ébranle, institutions, lois, mœurs. » (*Lamennais.*)

874. « Les hommes ne vivent point associés, mais agglomérés entre la société ancienne qui disparaît et la société nouvelle qui n'existe pas encore. » (*M. de Potter.*)

875. « Le vice de nos soi-disant réformateurs est d'accuser tel ou tel abus, au lieu d'accuser la civilisation tout entière, qui n'est qu'un cercle vicieux d'abus dans toutes ses parties. » (*Fourier.*)

876. L'anarchie, résultant du protestantisme de négation et du manque absolu de base morale, constitue la période de transition où se trouve la société actuelle.

877. Toutes les opinions peuvent être partagées en deux catégories : 1° celle des hommes qui, effrayés des effets de la prétendue liberté, cherchent à la soumettre à l'*ordre* ; 2° celle des hommes qui, craignant le despotisme, attendent tout de la *liberté*.

878. On ne peut pas admettre une opinion intermédiaire, illusoirement conservatrice de l'ordre, à moins de la baser sur une fausse théorie entourée de sophismes présentés comme des vérités.

879. Cette opinion intermédiaire, qui reconnaît quelques principes du libéralisme, constitue un des plus grands obstacles à la constitution de l'ordre sur la base religieuse.

880. Récuser à la fois le droit divin et le droit humain des majorités, sans oser proclamer la vérité de la révélation et la suprématie de la loi morale, c'est vouloir fonder la société sans *droit* et sans *autorité*.

881. « On aperçoit dans toute l'Europe une politique *négative* qui sait bien ce qu'elle ne veut pas et ne sait pas ce qu'elle veut. » (*Bonald*.)

882. Cette ignorance vient de l'erreur d'attribuer à la force un pouvoir d'organisation qu'elle ne possède pas.

883. L'absence de vérité est si grande, qu'un homme célèbre n'a pas eu crainte d'affirmer : « Qu'en morale et en politique, il n'y avait que des vérités relatives. » (*Chateaubriand*.)

884. « On en est venu au point qu'il n'y a plus ni vérité ni erreur pour les hommes. » (*Lamennais*.)

885. L'*opinion* est le masque de la raison sous lequel se cache la force matérielle qui domine la société.

886. « Une opinion qui serait celle du plus grand nombre, n'a pas le droit de dominer. » (*Comte de Mirabeau*.)

887. « Celui qui n'a que des opinions, si on le compare à celui qui *sait*, est, par rapport à la vérité, dans un état de maladie. » (*Aristote*.)

888. « Les opinions sont inefficaces pour décider la vérité. » (*M. Quinet*.)

889. « Les opinions sont variables par essence. » (*Lamennais*.)

890. « Le règne de l'opinion est le règne de l'anarchie. » (*Lamennais.*)

891*. Sous l'empire de l'opinion, la loi ne peut être l'expression des intérêts *de tous* ; par conséquent la force devient indispensable pour soumettre ceux dont les intérêts sont contrariés par la loi.

892*. Sous l'empire de l'opinion, les intérêts des nations sont divers ; par conséquent la force devient indispensable pour soutenir ceux de chacune contre ceux des autres.

893*. Ainsi, les actes du pouvoir chez une nation, et les décisions entre les nations au moyen de l'arbitrage reposent sur la garantie de la force qui les soutient.

894. Pendant que l'opinion domine, toute justice devient impossible en dehors de celle qui est relative à l'opinion dominante.

895. La science et la philosophie n'ayant pas trouvé de *vérités* dans l'ordre psychologique, métaphysique et moral se sont contentées des opinions.

896*. C'est pour cela que l'ordre social est resté soumis au domaine des opinions, et l'ordre physique au domaine des vérités relatives.

897. Les *opinions* ont pour fondement les passions.

898*. La société ancienne reposait sur la foi ; la société moderne repose sur l'opinion ; et l'existence par opinion est essentiellement anarchique.

899*. Anciennement la religion était législatrice; aujourd'hui, c'est l'opinion ou la passion.

900. « L'opinion devient reine du monde, et cette opinion, servie par la presse, devant laquelle reculent les armées, est mobile, audacieuse, agressive. » (*M. Carné.*)

901*. La versatilité caractéristique de l'opinion rend son domaine essentiellement anarchique.

DROIT DE LA FORCE.

902. La nécessité de dominer les opinions pour garantir l'ordre institua le *droit de la force.*

003* Le pouvoir spirituel éliminé, le droit de la force devint la seule sanction du pouvoir temporel.

904*. Le seul moyen de paralyser accidentellement l'action de l'anarchie, c'est l'emploi de la force matérielle.

905*. Les actes les plus favorables à l'autorité sont ceux auxquels elle s'attache une plus forte opinion numérique chargée de la défendre.

906*. De la nécessité de la *force* pour garantir le pouvoir et les intérêts divers des nations, est née la nécessité des armées permanentes.

907. Les armées permanentes sont aujourd'hui plus nécessaires que jamais au pouvoir, pour maintenir l'ordre dans l'*intérieur des États* contre l'anarchie que soutiennent les institutions libérales.

908. La suppression des armées permanentes, lorsque le droit et la loi n'ont pas d'autre sanction que la force, est une idée révolutionnaire et anarchique.

909. Les moyens prêchés par les *amis de la paix*, pour rendre la guerre impossible, compromettraient la tranquillité des peuples.

910. Les *amis de la paix* ne sont que les apôtres d'une *utopie* irréalisable dans l'époque actuelle.

911. La diversité de croyances, de principes politiques et d'intérêts économiques a été la source des guerres parmi les nations.

912. La guerre sera nécessaire et la paix permanente sera impossible tant que l'unité ne régnera pas entre les peuples.

913. Tant que la vérité morale, comme seule base possible d'ordre, ne sera pas reconnue et acceptée, la paix ne pourra être que transitoirement maintenue, au moyen du bourreau pour les individus, et du canon pour les nations.

914. L'arbitrage, pour décider des questions internationales, devient impuissant lorsque la force ne garantit pas les décisions de l'arbitre.

915*. La *paix* n'est pas un principe qu'on puisse établir *à priori*; elle sera la conséquence d'un ordre social qui rendra la guerre non nécessaire.

916*. La *guerre* n'est pas non plus un principe, mais la conséquence d'une organisation sociale vicieuse.

917*. Pour éteindre la guerre, pour établir la paix, il faut commencer par détruire les causes qui rendent la première inévitable et la seconde impossible.

918. Ces résultats seront obtenus par l'établissement de la société sur les véritables bases de l'ordre.

919*. Ceux qui, de bonne foi, blâment l'existence des armées permanentes et qui prêchent leur extinction, coopèrent, sans y penser, à détruire le seul instrument d'ordre que l'autorité possède actuellement.

920. La même nécessité de la force matérielle, pour garantir l'ordre, dicta la création d'institutions chargées de son organisation et de sa direction.

921. Le besoin impérieux de ces institutions de l'ordre matériel obligea de les considérer à l'égal de celles de l'ordre moral, qu'elles remplacent dans les États modernes.

922. Telle est l'origine de l'égalité d'importance sociale des ministères de la guerre et de la marine avec ceux de la justice, des cultes et de l'instruction publique.

923. Sur le même principe se trouve fondée la haute mportance sociale accordée aux fonctionnaires militaires.

924. Le représentant de l'autorité suprême, dans les États, prend aussi, et par la même cause, le caractère et le costume militaires.

925. Le costume et le rang militaire du chef de l'État répondent à la nature de la fonction du pouvoir moderne.

INEFFICACITÉ DU DROIT DE LA FORCE.

926. « Il n'y a que deux puissances dans le monde, le *sabre* et l'*idée*..... Avec le temps, le *sabre* sera battu par l'*idée*. » (*Napoléon I*er.)

927. * Le progrès matériel de la civilisation rapproche les peuples, développe les intelligences, répand les connaissances et rend impossible le despotisme.

928. Après la proclamation du libre examen et avec l'existence de la presse, toute compression matérielle de l'idée révolutionnaire devient impuissante.

929. * La soumission à la force matérielle peut s'obtenir momentanément par le secours de la force ; mais, avec le libre examen, tôt ou tard la raison déclare légitime la rébellion contre tout ce qui n'est pas raisonnable.

930. « La force met le désordre dans le monde moral, parce qu'entre les mains d'agents libres et imparfaits, elle ne sert souvent qu'à réaliser des volontés imparfaites et déréglées. » (*Lamennais.*)

931. La liberté d'examen finit par détruire tout pouvoir absolu, et rend ainsi éphémère tout despotisme.

932. Le principe d'autorité étant moral, ne peut pas être rétabli par la force.

933. L'autorité de la force croit rétablir le principe d'autorité, lorsqu'elle ne peut plus que brider l'anarchie.

934. De l'impossibilité de maintenir un ordre permanent par la force, et de l'impossibilité de concilier la liberté avec l'ordre, naît l'état anarchique de la société actuelle.

935. *En résumé, le despotisme devient *impossible* et la liberté est *anarchique*.

RÉBELLION ET ANARCHIE.

936. La libre émission de la pensée, lorsque la société manque de base et de principes incontestables, conduit nécessairement à l'anarchie.

937. L'examen ne peut pas être comprimé par la force.

938. Le libre examen conduit à constituer chaque raison individuelle en arbitre et souveraine absolue.

938. * L'examen analyse tout acte émané de l'autorité, et généralement il n'en est aucun qui ne soit pulvérisé avant d'être accepté.

940. * Mais, qui donc qualifie les actes comme étant *oui* ou *non* raisonnables? — La raison de chaque individu. Par conséquent, les ordres de l'autorité sont justiciables de tout le monde.

941. A chaque acte du pouvoir, chaque raison individuelle s'élève et s'écrie avec menace : Cet ordre est-il

juste? cet ordre est-il raisonnable? — Devant pareille question, il n'y a actuellement aucun pouvoir possible sur la terre.

942. ' De là résulte que ce qui est aujourd'hui si faussement nommé *liberté*, est éminemment anarchique, et que les sociétés prétendues libres sont essentiellement anarchiques.

943. ' Aujourd'hui personne n'obéit à ce qui lui est commandé, à moins qu'on ne lui démontre la justice du commandement ou qu'on ne le soumette par la force.

944. ' Aujourd'hui tout pouvoir inspire de la méfiance, toute autorité se met en problème, tout commandement excite opposition.

945. La soumission d'une ou de plusieurs souverainetés individuelles à la décision de la majorité est un acte d'esclavage intellectuel qui répugne à la raison.

946. ' La suprématie du nombre, donnée comme base de l'autorité, répugne à la raison des individus et se trouve socialement combattue par le libre examen.

947.' Le sentiment de rébellion est donc inévitable contre toute autorité dérivant des majorités, dont les décisions sont contestables par essence.

948. ' Il s'ensuit que les révolutions, inhérentes au système de majorités, sont la conséquence nécessaire de la libre émission de la pensée.

949. Ces révolutions se font par des moyens que les uns nomment légaux, les autres illégaux ; ce qui toujours est décidé par la force.

950. Dans l'opposition di te légale, domine le vote ; dans l'opposition révolutionnaire, domine la force ; mais la nature de la décision est identique.

951. La cause du sentiment révolutionnaire se trouve donc dans le principe même qui sert de base à l'autorité moderne.

952. La soumission suppose que ce qu'on prescrit est juste et raisonnable, car personne aujourd'hui ne reconnaît infaillible la raison d'un autre.

953. En dehors de cette condition essentielle, toute soumission ne peut être qu'apparente ou obtenue par la force, contre laquelle proteste intérieurement toute raison individuelle.

954. Les peuples se soumettent à cet ordre aussi longtemps qu'il est supportable ; quand il ne l'est plus, ils le brisent, et un autre qui se dit meilleur s'établit à sa place ; mais comme il est de la même nature, à son tour il est bientôt brisé.

955. L'ordre social permanent est de tout point impossible avec l'omnipotence absolue de jugement que s'arrogent les intelligences individuelles.

956. Tant que la raison humaine se croira souveraine et indépendante, le libre examen et la libre émission de la pensée seront considérés comme des droits imprescriptibles.

957. Tout DROIT, *donné* ou *accordé*, amène le *droit de rébellion* contre lui.

958. Le droit d'insurrection contre le *droit* est caractéristique de l'époque actuelle.

959. La liberté d'examen, sans subordination à aucune autorité, mène nécessairement à la rébellion et à l'anarchie.

960. Tant que la raison humaine croira être souveraine et indépendante de toute autre *raison supérieure*, dont elle nia l'existence, la rébellion et l'anarchie seront permanentes dans la société.

962. La consécration du principe de rébellion, est incompatible avec l'existence d'aucune société.

963. Mais, en même temps, la rébellion devient inévitable lorsque le droit n'a d'autre sanction que la force; d'où il résulte que le droit d'insurrection est le seul dogme qui reste debout au milieu des ruines du libre examen.

RÉACTION RELIGIEUSE.

964. ' Le point culminant des doctrines que nous venons d'émettre jusqu'ici, est que l'humanité, en suivant la voie tracée par le libre examen, est arrivée à une période d'anarchie au milieu de laquelle s'agitent les nations modernes.

965. Malgré le mal fait par le protestantisme, en déclarant la souveraineté de la raison, il a constitué une période nécessaire dans l'ordre historique des idées.

966. Les égarements de la raison, dans la voie protestante, ont été comme des leçons de l'expérience qui conduisent à la lumière.

967. Le protestantisme, en s'appliquant à tous les ordres d'idées, et en y amenant l'anarchie, rend nécessaire la réaction vers les principes religieux qui proclament la subordination de la raison humaine à la révélation.

968. Le résultat final de l'opposition à tout, a été la négation de tout, et la négation absolue est le *néant*.

969. L'anarchie est une période inévitable et providentielle de la vie de l'humanité par suite de l'émancipation orgueilleuse de la pensée.

970. L'anarchie ou l'excès du mal semble donc nécessaire, pour que l'humanité cherche son salut dans le principe religieux.

971. C'est l'anarchie, qui fera reconnaître l'impuissance de la raison et de la science humaine pour constituer l'ordre social.

972. La vérité sociale ne sera reconnue que quand l'humanité aura expié ses fautes, par l'excès même du mal qu'elles auront produit.

973. Il faut que l'humanité passe par tous les degrés de la folie sociale avant de se décider à chercher la vérité.

974. « Un faux principe introduit dans les intelligences ne périt plus, malheureusement, que par ses conquences mêmes. » (*M. Carné.*)

975. La lassitude produite par l'anarchie rend possibles quelques périodes d'un fort despotisme.

976. L'anarchie sociale doit arriver à son maximum avant que le despotisme pratique abdique.

977. La société se trouve et doit se trouver dans un état de révolution permanente, jusqu'à ce que l'élément véritable d'ordre apparaisse.

978. Cette conclusion n'est ni une opinion individuelle ni une maxime de parti, ni un système, ni une théorie, ni une utopie, c'est simplement l'expression claire de *ce qui est*, la manifestation nette d'un *fait* évident.

PRÉDICTIONS.

980. L'agitation économique, politique et religieuse qui se produit dans tout le monde, semble être le précurseur d'une grande catastrophe sociale.

981*. L'anarchie résultant de la lutte entre l'ordre existant et les aspirations vers un ordre futur sera la plus *effroyable* et la plus *violente* qu'on puisse s'imaginer.

982*. *Effroyable*, parce que la loi future doit reposer sur le *droit*, qui est impossible sans base morale ; *violente*, parce qu'elle sera secondée par la conviction qu'on a donnée aux masses de leur propre force.

983. Partout on semble sentir aujourd'hui le besoin social péremptoire, urgent, de baser l'ordre sur le principe religieux.

984. « Notre intelligence doit courber son orgueil devant les nécessités sociales. Lorsqu'elle s'arrête à nier les faits, parce qu'elle ne les comprend pas, les faits s'imposent brutalement à elle. » (*M. M. Chevalier.*)

985*. Les effets révolutionnaires qui doivent amener les réformes économiques, ont été prévus et annoncés par des écrivains éminents de diverses écoles.

986. La déchéance de la foi, reconnue par les écrivains éminents, et la connaissance de ses effets anarchiques leur ont suggéré la prédiction d'une grande révolution sociale.

987. « Les sociétés civilisées sont atteintes d'une maladie de langueur, d'un vice intérieur, d'un venin secret et caché. (*Montesquieu.*)

988. « Nous sommes arrivés à un âge critique de l'esprit humain, à une époque de fin et de renouvellement. » (*Ballanche.*)

989. « Une grande révolution est accomplie, une plus grande se prépare. » (*Chateaubriand*).

990. « Nous marchons à une révolution générale. » (*Chateaubriand.*)

991. « Quelque grande vérité, quelque dogme fécond, cherchent à naître. Les peuples en ont le pressentiment, ils l'entrevoient vaguement au fond de l'avenir obscur. » (*Lamennais.*)

992. « Tout annonce qu'une révolution générale s'opère dans la société humaine, et ceux qui devraient être les plus persuadés ont l'air de croire que tout va comme il y a mille ans. » (*Chateaubriand.*)

993. Tout s'agite : les révolutions politiques, entr'ouvrent ensemble l'avenir, et nous qui paraissons un moment au milieu de ce spectacle, nous attendons l'éclair qui doit tout éblouir et ramener la paix que le monde a perdue. » (*M. Guizot.*)

994. « S'il ne se fait pas une révolution morale en Europe, si l'esprit religieux n'est pas renforcé dans cette partie du monde, le lien social est dissous. » (*De-maistre.*)

995. « Nous sommes arrivés à une de ces époques fatidiques où la société, dédaigneuse du passé, est tourmentée de l'avenir..... et demande un règne de salut ou cherche dans le spectacle de ses révolutions, comme dans les entrailles d'une victime, le secret de ses destinées. » (*M. Proudhon.*)

996. « Nous naviguons sur une mer inconnue au milieu des ténèbres et de la tempête. » (*Chateaubriand.*)

997. « La société offre l'image de ce chaos si bien défini par ces paroles : « Chaque chose n'y est point à sa place, et il n'y a pas une place pour chaque chose. » (*M. Guizot.*)

998. « Les signes généraux qui ont marqué la chute de l'empire romain, se reproduisent chez nous avec une frappante ressemblance. » (*M. V. Considérant.*)

999. « Les peuples sont frappés de l'esprit de vertige et d'erreur qui leur fait prendre pour moyen de soulagement, des idées qui ne peuvent que perpétuer de vaines et cruelles agitations et accroître leurs tourments. » (*M. V. Considérant.*)

1000. « Un mauvais courant menace sérieusement de précipiter la société ; mais il y en a un autre bon, très-moral et très-tenace où l'on doit avoir espoir. » (*M. de Saint-Olive.*)

1001. « Il faut nous tenir prêts pour un événement immense dans l'ordre divin, vers lequel nous marchons avec une vitesse accélérée qui doit franchir tous les obstacles. » (*De Maistre.*)

1002. « Oui, je crois le sentir ; nous touchons à une rénovation des siècles... La terre, cette fois-ci, ne sera pas vaincue par un barbare affamé de carnage ; elle ne se tiendra pas en silence devant un dominateur superbe ; elle sera conquise par l'attrait tout pacifique de la *vérité.*» (*Ballanche.*)

1003. « L'Europe, pour un observateur attentif, est dans un état contre nature où elle ne saurait rester. Elle en sortira, et, s'il le faut, par des malheurs. » (*Bonald.*)

1004. « L'Europe s'avance tout entière vers des destinées obscures encore. » (*Carné.*)

1005. « Le monde religieux est en travail d'une nouvelle *unité* ; mais cette unité future ne consiste point dans une reconstruction éphémère du passé. » (*Ballanche.*)

1006. « Il n'est que trop aisé d'apercevoir la raison nécessaire de l'établissement d'un grand moyen, d'un moyen public d'ordre et de conservation, lorsqu'on voit d'un bout à l'autre de l'Europe une conspiration ouvertement tramée contre la société. » (*Bonald.*)

1007. « L'heure est venue d'allumer le phare de la raison et de la morale sur nos tempêtes politiques, de formuler le nouveau symbole que le monde commence à pressentir. » (*M. de Lamartine.*)

1008. On vit dans l'attente de grands événements, certains en eux-mêmes, incertains seulement quant à l'époque où ils se produiront. » (*Lamennais.*)

1009. « Nous sommes à une époque de transition. Bien aveugles ceux qui ne le voient pas ! bien sourds ceux qui ne m'entendent pas ! Ils ne voient, ils ne peuvent comprendre ces grands mystères de force et de science qui se passent sous leurs yeux. » (*Huzard*, p. 55.)

1010. Le plus grand nombre des publicistes qui ont fait ces prédictions n'ont pas vu qu'eux-mêmes ils avaient coopéré à l'anarchie des idées.

IV. RÉORGANISATION SOCIALE

CONDITIONS.

1° UNITÉ SOCIALE.

1011. L'*ordre*, tant au physique qu'au moral, c'est l'harmonie.

1012. L'*unité* est nécessaire à l'ordre.

1013. La tendance naturelle vers la *vérité* n'est que la tendance vers l'*unité*.

1014. « Pour que la société existe, deux choses sont indispensables : *une* loi qui unisse ses membres et *un* pouvoir qui maintienne l'observation de cette loi. » (*Lamennais.*)

1015. « *Un même* sentiment, *une même* croyance, est la condition première de l'état social. » (*M. Guizot.*)

1016. La civilisation, mettant en contact toutes les fractions de l'humanité, leur fera connaître la nécessité de l'*unité* sociale.

1017. De la connaissance de la nécessité de l'unité sociale pour toutes les fractions de l'humanité mises en contact par la civilisation, et des obstacles opposés par les préjugés et les intérêts égoïstes froissés, résultera la lutte.

1018. Ce qui *doit être*, tant dans l'ordre économique que dans l'ordre moral, *n'est pas* encore, parce que les causes qui s'y opposent subsistent encore.

1019. Le défaut de vie réelle et pacifique dans *ce qui est*, et l'existence des causes qui s'opposent à *ce qui doit être*, soutiendront la lutte.

1020. La vérité sociale, qui est la vérité religieuse, sortira triomphante de cette lutte suprême, car telle est la loi du progrès intellectuel de l'humanité, qui est « la gravitation de l'homme vers Dieu. » (*H. Delaage.*)

1021. Ce n'est pas la communication mutuelle entre les peuples qui produira l'*unité sociale*, mais la communauté dans leurs idées.

1022. Les idées ne peuvent devenir communes et permanentes si elles ne sont pas *vraies*.

1023. Il n'est possible de parvenir à l'unité sociale qu'au moyen de l'harmonie entre les intérêts réciproques de toutes les fractions de l'humanité.

1024. L'harmonie entre toutes les fractions de l'humanité ne peut devenir réelle que par la connaissance chez toutes de la *loi morale*.

1025. « Quand les divers pays, prenant les mœurs les uns des autres, abandonneront les préjugés nationaux, les vieilles idées de suprématie ou de conquête, ils tendront à l'*unité* des peuples. » (*Chateaubriand.*)

1026. « Un grand ressort des temps anciens, qui fut nécessaire à l'organisation primitive de la société, et qui ne peut être pour nous qu'une grande erreur, le *soutien de la nationalité*, doit disparaître. » (*Ballanche*.)

1027. Les vanités nationales sont un reste de l'ignorance et de l'isolement primitifs des peuples.

1028. La diversité des intérêts nationaux, soutenus par le patriotisme, sert d'obstacle à l'uniformité de la loi.

1029. Le fractionnement de l'humanité en nationalités rivales est un obstacle à l'exploitation rationnelle du globe.

1030. La conservation des nationalités rivales rend indispensable le *droit* de la force, qui est opposé à celui de la justice.

1031. Le maintien des nationalités est incompatible avec la fraternité des peuples, et par conséquent avec la justice.

1032. La fraternité parmi les peuples est aussi nécessaire à la paix du monde que la fraternité parmi les individus est indispensable à la paix des familles.

1033. Les nationalités sont condamnées à disparaître comme étant incompatibles avec la fraternité de la famille humaine.

1034. Les intérêts *opposés* qu'il faut faire disparaître ne sont pas les intérêts *divers* résultant des circonstances naturelles de localité et d'origine, qui contribuent à entretenir la vie parmi les peuples.

1035. Les intérêts *opposés* qu'il faut faire disparaître, parce que leur opposition est ennemie de l'ordre, appartiennent à la catégorie morale.

1036. L'*unité* sociale suppose l'extinction des nationalités et l'adoption d'une loi commune basée sur le principe religieux.

1037. Cette *unité future* a été annoncée dans l'Evangile, et plus tard prédite par les grands écrivains pour une époque non éloignée.

1038. Les sociétés modernes disparaîtront pour se fondre dans une société nouvelle, qui sera celle de l'humanité entière.

1039. Cette période prédite sera l'ère de la nouvelle Jérusalem ou de la rédemption suprême de l'humanité.

1040. « Le soutien des nationalités ne peut pas continuer devant les sentiments élevés de l'humanité. » (*Ballanche.*)

1041. « Tout annonce que nous marchons vers une grande *unité*, que nous devons saluer de loin. » (*De Maistre.*)

2° SUBORDINATION DES INTÉRÊTS MATÉRIELS AUX INTÉRÊTS MORAUX.

1042. L'importance de chaque branche de l'organisation sociale résultant de l'objet de chacune, l'organisation *morale* doit dominer l'organisation *matérielle*.

1043. Il résulte de cela que les intérêts matériels doivent être subordonnés aux intérêts moraux, ou, ce qui est la même chose, la *richesse à l'instruction.*

1044. De ces prémisses on peut déduire la conséquence que tout système d'organisation économique indépendant de l'organisation morale doit conduire à l'anarchie.

1045. La doctrine révolutionnaire est impuissante pour empêcher l'anarchie résultant des principes qu'elle-même proclame.

1046. Le seul moyen de combattre et de détruire l'idée révolutionnaire, c'est de démontrer l'erreur de son origine.

1047. Dans la sphère religieuse, la *raison humaine* doit s'humilier devant la *raison divine.*

1048. La *vérité religieuse*, port et guide absolu pour les individus et pour l'humanité, doit être le principe, le milieu et la fin de toutes les investigations et de tous les actes.

1049. Partant de cette maxime, on peut déduire que l'organisation sociale, tant dans l'ordre matériel que dans l'ordre moral, doit résulter de la subordination à la *vérité religieuse*, de tous les *faits* et de tous les *actes* qui respectivement la constituent.

1050. En attendant cette époque, tous les travaux qu'on entreprendra pour l'organisation matérielle et morale de la société ne donneront que des résultats anarchiques.

1051. C'est seulement la connaissance de la loi religieuse de l'humanité qui peut expliquer les contradictions apparentes que son existence générale, de même que l'existence particulière des individus, offre avec la justice.

1052. La constitution de l'ordre social exige que le bien général surgisse du concours des intérêts individuels satisfaits.

1053. Dans une société bien constituée, *tout*, absolument *tout*, doit se rapporter à la *religion*.

1054. « Point d'ordre social sans le sacrifice des intérêts de tous ; or, ce sacrifice est sans raison, c'est-à-dire absurde à demander et impossible à obtenir, quand c'est l'homme qui le demande à l'homme, parce qu'il ne peut rien offrir en compensation. » (*Lamennais.*)

1055. Dans l'état futur des choses, il faut que la conviction universelle dans la doctrine morale rende le doute impossible et la négation absurde.

1056. Il devient donc urgent de baser l'ordre social sur la vérité religieuse, qui se trouve résumée dans une sanction ultra-vitale inévitable pour les actions humaines.

1057. Tant que la suprématie de la vérité religieuse restera méconnue, toute vérité sociale deviendra illusoire, et l'humanité ne pourra opter qu'entre la force et l'anarchie.

1058. Une fois le principe religieux établi, il faut qu'il ne soit plus ébranlé par le libre examen.

1059. C'est seulement par la conviction de l'insuffisance de la raison pour découvrir et pour comprendre l'ensemble des lois de l'ordre moral qu'on parviendra à modérer et à subordonner la libre action de la pensée.

1060. « Avec l'idée religieuse puissante et générale, on peut admettre des applications toutes nouvelles d'un élément dont il est impossible de déterminer l'avenir. » (*M. Carné.*)

1061. Ce n'est donc pas l'esclavage de la pensée, ce n'est donc pas l'enrayement du progrès, ce n'est donc pas la suppression des intérêts matériels qu'on doit prêcher à la génération actuelle, mais seulement la subordination de toute pensée, de tout progrès, de tout intérêt, à la loi morale ou religieuse.

CONDITIONS POUR L'ORDRE MATÉRIEL ET ÉCONOMIQUE.

1° TRAVAIL.

1062*. Le *travail* est la caractéristique de l'homme, et tout est travail dans la société.

1063*. Le *travail*, c'est la traduction de la pensée par des *actes* ; l'*idée* transformée en *fait*.

1064*. Le *travail* est inséparable de la pensée, car il suppose toujours plus ou moins d'efforts de l'intelligence.

1065*. En dehors de l'intelligence, il n'y a pas de travail ; il n'y a que force et mouvement.

1066. Le *travail*, donc, est d'essence intellectuelle.

1067. La pensée emploie la force et la matière, qui sont de la même nature, pour obtenir des *produits matériels*.

1068. Il y a des produits du travail qui ne sont pas des produits *matériels* ou physiques.

1069. L'*instruction* est un produit intellectuel, résultat du travail.

1070. La *richesse* est un des produits matériels, résultant du *travail*.

1071. Le *travail* appartient à l'ordre moral, la *richesse* à l'ordre matériel.

1072. L'étude du *travail*, comme *devoir social*, n'entre point dans le programme de l'économie politique.

1073. La prétendue science des économistes ne considère le *travail* que sous le point de vue matériel de la richesse qu'il procure.

1074. L'économie politique peut bien s'appeler la science de la *richesse ;* la science du *travail* est encore à faire.

1075. Tous les mérites du travail, recommandés par les Pères de l'Eglise, témoignent de la notion morale ou chrétienne qu'ils avaient de lui.

1076. Pour se rendre compte du travail libre, il faut le considérer comme *devoir*.

1077. « L'homme *doit* travailler, par conséquent la recherche du travail est à sa charge. » (*M. Saint-Marc de Girardin.*)

1078. « Il faut considérer le travail de l'homme par ses deux grands côtés : par le côté qui touche à la nature matérielle et à la nature morale, le travail les change et les améliore toutes deux. » (*M. Saint-Marc de Girardin.*)

1079. « Le travail, qui était un *devoir* selon la doctrine chrétienne, est devenu un *droit* selon la doctrine des économistes et des philosophes du xviiie siècle. » (*Id.*)

1080. Cette transformation, opérée par le libéralisme imprévoyant, fut la graine féconde de rébellion qui, plus tard, germa pour augmenter le malheur et le désespoir des classes ouvrières.

1081. « Le *droit* DU *travail* est un droit sacré; le *droit* AU *travail* est quelque chose de tout nouveau. Du droit au travail à l'aumône la pente est facile. » (*M. Saint-Marc de Girardin.*)

1082. La pratique du travail, sans l'idée du devoir, dégrade le travail et humilie le travailleur.

1083. La notion morale du travail rend ses peines supportables et ennoblit le travailleur.

1084. Les systèmes appelés humanitaires ou philanthropiques ajoutent un droit de plus à la multitude de ceux qu'une doctrine imprévoyante a accordés inutilement aux classes malheureuses.

1085. La bienfaisance isolée du sentiment chrétien finit par devenir une sanction tacite du *droit au travail* et du *droit à l'assistance*.

1086. La charité légale et la philanthropie, en soulageant incomplétement les besoins matériels, ne calment point les sentiments d'exaspération qu'enfante le malheur.

1087. La charité légale, substituée à la charité chrétienne, éteint les sentiments de la résignation et de l'espérance dans l'âme du malheureux.

1088. La charité légale et la philanthropie tendent à remplacer la morale par un droit civil.

1089. La charité légale, en érigeant le secours en droit, tue la véritable charité chrétienne ; car *charité* et *droit* sont incompatibles.

1090. L'erreur des économistes qui se proposent de soulager les misères humaines avec des remèdes philanthropiques est de même nature que celle des politiques qui veulent réformer la société par des moyens économiques.

1091. La charité chrétienne, en soulageant le malheur

et en fortifiant la résignation, donnait à la fois aliment au corps et à l'âme.

1092. La charité chrétienne, avec l'aliment moral, achemine les âmes vers la rédemption en rendant leurs souffrances méritoires.

1093. La notion du travail, *droit*, menace la société actuelle, sans espoir de bonheur pour le travailleur.

1094. Les principes de la prétendue science économique contiennent les prémisses de la dangereuse conséquence du *droit au travail*.

1095. L'économie politique est responsable de toutes les fausses idées répandues dans le monde des travailleurs.

1096. L'exclusivisme matérialiste de l'économie a fait, dans les classes laborieuses, autant de ravages que le scepticisme philosophique dans les classes aisées.

1097. Pour remédier à tous ces maux, résultat de fausses doctrines, il faut démontrer et établir celle du *travail-devoir* au lieu de celle du *travail-droit*.

1098. Cette transformation peut être seulement obtenue au moyen de l'idée religieuse, ou ce qui est identique, en *moralisant le travail*.

2° PROPRIÉTÉ.

1099. Le *droit* de propriété est incontestable et d'essence permanente ; mais la *constitution* de la propriété varie selon les peuples et selon les époques.

1100. Le droit de propriété est *absolu* ; mais la loi détermine les choses qui sont appropriables et comment elles sont appropriables.

1101. Le droit de l'appropriation des choses est variable avec la législation et les époques.

1102. Le *droit absolu* de propriété sur les fruits du travail a été aussi modifié par la législation, suivant les époques et les circonstances où se trouvaient les peuples.

1103. La propriété du fruit du *travail* n'est pas un prix de celui-ci, mais sa consécration et sa légalisation.

1104. La propriété n'est pas un principe, mais la conséquence du raisonnement, et, par conséquent, l'expression d'une loi de l'humanité.

1105. On distingue, en général, trois ordres ou catégories de *propriétés*, savoir : *territoriale, mobilière* et *intellectuelle*.

1106. La propriété territoriale n'est pas universellement admise par tous les peuples de la terre. La propriété mobilière a obtenu toujours une sanction universelle. Les droits de la propriété appelée *intellectuelle* sont encore vagues et mal formulés.

1107. L'essence des produits constituant la propriété intellectuelle les rend similaires à ceux de la propriété mobilière.

1108. Le droit d'appropriation du sol, qui constitue chez différents peuples la propriété territoriale, est encore un problème pour la science économique.

1109. Cette incertitude de la science a autorisé tous les changements que la constitution de la propriété territoriale a subis, et autorisera ceux qui lui restent encore à subir.

1110. C'est à cause aussi de l'incertitude de la science que la constitution légale de la propriété territoriale présente tant de différences chez les peuples, et tant de variations suivant les époques.

1111. La propriété territoriale est collective chez quelques peuples, individuelle chez d'autres, et individuelle et collective chez plusieurs.

1112. Sous le point de vue du droit de disposer et de transmettre la propriété territoriale, la loi n'est pas absolue, mais relative aux nations et aux époques.

1113. Les formes de la constitution de la propriété territoriale varient, suivant qu'elle est *individuelle* ou *collective, libre* ou *inaliénable.*

1114. De toutes les formes données à la constitution de la propriété territoriale et au droit de succession, la moderne ou *libérale* est la plus nuisible.

1115. La *constitution libérale* de la propriété

territorialo est la cause du plus grand nombre des maux économiques qui affligent les sociétés modernes.

1116. La *constitution libérale* de la propriété territoriale individuelle est incompatible avec les progrès de l'agriculture, ce qui met en opposition directe la *science agricole* avec la prétendue *science économique*.

1117. Ladite constitution rend aussi impossible l'adoption d'aucun système d'assurances générales, d'encouragement et de prévoyance, pour l'amélioration intégrale du sol.

1118. La tendance du principe libéral de la constitution de la propriété territoriale individuelle, c'est d'anéantir toute propriété collective et inaliénable.

1119. La destruction de la propriété collective et inaliénable conduit directement à la mobilisation du sol, et, de là, à l'aliénation du patrimoine national.

1120. Après l'anéantissement de la propriété collective, patrimoine des pauvres déshérités et espoir des générations futures, la révolution sera logique en s'attaquant à la propriété individuelle.

1121. « Après la destruction de la propriété collective, rempart de la propriété individuelle, celle-ci se trouvera face à face avec la révolution. » (*M. Aparic*, député espagnol.)

1122. La liberté absolue accordée à l'aliénation du sol

d'une nation peut amener la perte de sa liberté et de son indépendance.

1122. L'action de la liberté individuelle sur le sol, secondée par les tendances égoïstes d'une science matérialiste, peut amener de graves perturbations dans l'ordre physique et des malheurs irréparables pour les générations futures.

1123. Une sage et prévoyante exploitation du sol doit satisfaire à la fois les conditions de la science et les besoins présents et futurs de l'humanité.

1124. La constitution de propriétés collectives en faveur des classes déshéritées et des générations futures est une mesure hautement politique et religieuse que ne doivent pas négliger les gouvernements modernes.

1125. L'ancien régime de la propriété territoriale, sans être parfait, avait de prévoyant et de charitable tout ce que le système moderne a d'imprévoyant et d'égoïste.

1126. Le principe libéral, admis pour la nouvelle constitution de la propriété territoriale, envahit aussi le droit absolu et universel de posséder en voulant exclure certaines classes de la société.

1127. Cette tendance des doctrines libérales vers l'exclusion peut conduire logiquement à l'expropriation universelle et à la déclaration du *communisme*.

1128. Les vices et les fâcheuses conséquences de la

constitution libérale de la propriété territoriale, en désaccord avec la science et le maintien de l'élément pri-
mordial de la richesse, qui est le sol, établissent la nécessité d'une constitution définitive qui mette d'accord
tous les bons principes.

CONDITIONS POUR L'ORDRE MORAL.

1° INSTRUCTION ET ÉDUCATION.

1129. Les mots *instruction* et *éducation* ont été, en
général, confondus et mal déterminés, parce qu'on n'a
pas distingué exactement les connaissances des sentiments.

1130. Lorsque la vérité morale servira de base à l'ordre , les mots *instruction* et *éducation* se trouveront
exactement définis.

1131. Pour que l'anarchie, dominante aujourd'hui,
puisse être anéantie, il faut que l'*unité* règne entre l'instruction et l'éducation.

1132. L'instruction et l'éducation ne peuvent pas être
une tant qu'elles se trouveront soumises aux influences
domestiques et politiques.

1133. L'organisation morale de la société impose la
solution de ce problème : l'*instruction* publique doit
être soumise à l'*éducation*, ou celle-ci à celle-là.

1134. Lorsque le principe religieux constitue la base

de l'ordre social, l'*instruction* se trouve soumise à l'*éducation*, ou, ce qui est la même chose, la *science* à la *croyance*.

1135. Lorsque l'élément rationaliste domine dans la société, comme aujourd'hui, l'*éducation* publique et privée se trouve soumise à l'*instruction*, ou, ce qui est la même chose, la *croyance* à la *science*.

1136. Dans l'époque libérale ou protestante, l'instruction se trouve, dans la pratique, complétement séparée de l'éducation.

1137. La subordination de l'instruction à l'éducation sera le résultat d'une appréciation exacte des vérités *relatives* que la première propage, et des principes *absolus* que la seconde inculque.

1138. L'union et la conformité de l'instruction avec l'éducation supposent l'anéantissement du protestantisme scientifique.

1139. Pour parvenir à ce résultat, la science doit, comme il a été dit déjà (545), sortir de la période *matérialiste* où elle se trouve, et s'élevera la période *spiritualiste*, ou, en langage philosophique d'*objective* devenir *sujective*.

1140. L'union de l'instruction et de l'éducation, ou de la *science* avec la *foi*, est impossible tant que le pouvoir *temporel* agira indépendamment du pouvoir *spirituel*.

1141. Lorsque l'union de la *foi* avec la *science* aura lieu, l'instruction confirmera ce que l'éducation aura inculqué.

1142. L'éducation future enseignera à la jeunesse ce qu'il faudra observer et pratiquer pour le maintien de l'ordre.

1143. Pour que l'ordre puisse exister d'une manière permanente, il faut le baser sur les principes et les institutions morales.

1144. De cette maxime on peut déduire, comme de simples corollaires, toutes les bases et tous les articles d'une bonne loi d'instruction publique.

1145. L'organisation de l'instruction constituera l'ordre moral et commencera la période spiritualiste de la science.

2° SCIENCE.

1146. Le matérialisme constitue la première période de la *science*, qui est purement expérimentale.

1147. La *raison* ainsi que la *science* procèdent *à posteriori*, parce que leur marche est expérimentale ou à la recherche des lois et des principes fondamentaux.

1148. La raison avait besoin de suivre cette voie, parce qu'elle cherchait par l'expérience ce qu'elle ignorait dans son enfance.

1149. Si les premières connaissances de la raison eussent été celles des principes et des lois, elle aurait déduit les faits *à priori*, sans recourir à l'expérience.

1150. Lorsque la science sortira de la période expérimentale, empirique ou matérialiste où elle se trouve encore, elle procédera *à priori*.

1151. Toute connaissance due à l'expérience conserve le cachet de l'organisme par l'intermède duquel la connaissance a été acquise.

1152. Il résulte de là qu'aucune vérité scientifique n'est *absolue*, mais seulement *relative* à l'organisme.

1153. La *science spiritualiste* raisonne en dehors de cette dépendance, qui rend relatives les vérités scientifiques.

1154. La *science spiritualiste* ne confond pas la *vie* avec l'*intelligence*, ni les *facultés* de l'âme avec les *fonctions* des organes.

1155. Les distinctions établies par quelques physiologistes modernes entre la *vie* et l'*intelligence* laissent subsistante l'erreur de les considérer, malgré la distinction, comme des *forces* organiques ou propriétés de la matière.

1156. La *vie* n'est qu'un résultat de l'organisme, et, comme telle, sa durée est bornée à celle de l'organisme.

1157. L'*intelligence* n'est pas une force organique ni une propriété de la matière organisée : elle est une faculté de l'âme, et sa durée est éternelle.

1158. L'*intelligence*, faculté de l'*âme*, se manifeste au moyen des sens de l'organisme, auquel celle-ci est unie temporellement; mais son existence est indépendante de lui.

1159. La durée de l'existence de l'âme, unie à l'organisme humain, n'est qu'une très-courte période de sa durée éternelle.

1160. La *vie*, n'étant qu'une manifestation des propriétés de la matière organisée, peut être accidentellement interrompue ou complétement éteinte.

1161. L'*intelligence*, faculté de l'âme, fonctionne sans cesse, soit au moyen des organes, soit indépendamment des organes.

1162. Ces deux manières d'exister constituent respectivement les deux périodes de *veille* et de *léthargie* des sens.

1163. Pendant la période d'activité des sens, l'âme fonctionne avec eux; pendant la période de repos des sens, l'âme est comme aliénée ou absente.

1164. Nous ignorons comment l'âme fonctionne pendant la léthargie des sens, mais le *fait* est incontestable.

1165. Toujours est-il certain que l'âme, pour fonctionner, ou, ce qui est la même chose, pour *agir* sur la matière ou envers la matière, a besoin d'un intermédiaire matériel organisé ou non organisé.

1166. Les propriétés physiques que nous attribuons aux corps ont seulement une réalité relative à notre organisme.

1167. Un fait physique n'étant qu'une partie d'une série régie par une loi, en connaissant celle-ci, il serait très-facile de déterminer celui-là.

1168. Il suffirait de la création d'un organe ou sens de plus pour donner origine à un nouvel ordre de connaissances.

1169. L'action de l'âme sur la matière se trouve bornée par la matérialité des instruments inorganiques que l'intelligence emploie.

1170. Cette influence du physique sur le moral a fait attribuer à l'organisme ou aux instruments les facultés du moteur.

1171. Dans l'ordre expérimental, donc, l'action de l'âme n'est pas absolue, mais seulement relative à l'organisme qui l'enveloppe.

1172. Un changement dans l'organisme changerait les facultés de perception de l'âme sur la nature.

1173. L'âme, quoique enchaînée dans son enveloppe matérielle, peut néanmoins s'imaginer la possibilité de nouvelles facultés résultant d'un changement dans l'organisme.

1174. Les aspirations d e l'âme et les facultés merveilleuses de la pensée, quoique enchaînées, révèlent la possibilité d'autres ordres d'existence avec des organismes moins corporels.

1175. L'organisme qui enveloppe l'âme pendant la durée de sa vie terrestre n'est pas un résultat du hasard ou de simples lois physiques, chimiques et physiologiques : il est en rapport avec la mission ou la destinée de l'âme.

1176. Les diversités que, dès la naissance, offrent les organismes humains, sont aussi relatives aux tendances et aux passions contre lesquelles les âmes doivent lutter pendant cette vie d'épreuve et d'expiation.

1177. Les penchants, les inclinations, les passions, ne sont pas des résultats fatals de l'organisme; ils se montrent au moyen de cet organisme, approprié d'avance aux fonctions qu'il doit remplir, en rapport avec les facultés de l'âme seules, qui agissent librement.

1178. La Providence approprie les organes aux fonctions et aux missions que les âmes doivent remplir dans ce monde d'expiation.

1179. La réaction organique contre la tendance morale constitue la lutte, de laquelle l'âme libre peut sortir victorieuse ou vaincue.

1180. Considérée à ce point de vue élevé, la phrénologie est rationnelle et peut devenir utile en cherchant les moyens de seconder l'instruction et d'aider l'éducation.

1181. En étudiant les phénomènes de l'*intelligence* comme des facultés de l'âme, et non pas comme le résultat des *forces* organiques, on parvient à détruire tout le matérialisme qui domine dans la science.

1182. L'étude de l'âme et de ses fonctions, au point de vue de la *science spiritualiste*, peut ramener à un seul principe ou point de départ toutes les connaissances de l'ordre physique et de l'ordre moral.

1183. Ces déductions et d'autres appartiennent à la *science* spiritualiste raisonnant *à priori*.

1184. En attendant, elles peuvent aider à concevoir *pourquoi* la raison humaine a été aussi lente et bornée dans ses conquêtes scientifiques.

1185. La limitation et l'insuffisance de la raison deviennent encore plus grandes lorsque, en se croyant omnipotente, elle renonce au guide de la loi morale.

1186. C'est pour cela qu'il a été bien dit : « Gardez-vous de porter votre esprit trop haut ! » (*Épître aux Romains.*)

1187. La limitation de la science de l'homme, produit de sa raison, est confirmée par l'imperfection des travaux entrepris pour exploiter le globe qu'il habite.

1188. L'exploitation de la planète a été jusqu'aujourd'hui faite seulement d'une manière relative aux intérêts individuels ou, tout au plus, aux intérêts des fractions de l'humanité habitant chaque contrée.

1189. La science ne pouvait être qu'égoïste et imprévoyante dans les périodes précédentes de l'existence de l'humanité.

1190. La science, dans son ignorance de la loi morale, ne pouvait être ni humanitaire ni prévoyante.

1191. Les suites de l'exploitation du globe par la science égoïste peuvent être de grandes perturbations physiques et l'anarchie sociale.

1192. Les entreprises hardies de la science orgueilleuse et imprévoyante peuvent compromettre l'existence de contrées entières et même l'équilibre général du globe.

1193. « Aussi, quand je vois courir l'homme au milieu des forces si terribles de la nature, le flambeau de la science à la main, oh! je crains l'étincelle imprudente qui doit faire sauter le monde ! » *(Eugène Huzard.)*

1194. « Le jour où l'homme jouera avec les énergies terribles de la nature, comme Carter jouait avec ses lions et ses tigres, ce jour-là, qu'il ne commette pas la moindre imprudence, *car il serait perdu !* » (*Eugène Huzard.*)

1195. « Quand la locomotive du progrès nous emporte à toute vapeur, il est bien permis de demander au mécanicien qui la dirige d'être prudent et de modérer sa vitesse avant d'avoir assuré sa marche. » (*Id.*)

1196. Les vices d'une exploitation égoïste et anarchique sont déjà la cause de grandes catastrophes et de perturbations physiques contre lesquelles la science se déclare impuissante.

1197. Les grands moyens scientifiques, appliqués avec imprévoyance et en dehors de la loi morale, peuvent devenir désastreux pour l'humanité.

1198. « Cela n'est pas faire la guerre à la science ni au progrès, mais se déclarer contre une science ignorante et impatiente, contre un progrès aveugle sans critérium ni boussole. » (*M. Huzard.*)

1199. L'exploitation utile du globe au profit de l'humanité suppose la subordination de la science au principe religieux.

1200. La planète que nous habitons est régie par des lois suprêmes que le caprice et l'égoïsme de l'homme ne peuvent pas changer.

1201. Lorsque la loi morale sera reconnue et acceptée, la science saura rédiger la règle pour l'exploitation rationnelle de la planète.

1202. Alors l'application intégrale de toutes les découvertes scientifiques sera bienfaisante à l'humanité entière.

1203. Le progrès matériel, subordonné à la loi morale, cessera de produire des effets perturbateurs et anarchiques.

1204. A l'audace imprévoyante de la science matérialiste il faut opposer la force de l'autorité éclairée par le principe régulateur moral.

1205. La science future aura pour but, outre l'investigation et l'application utile des lois du monde physique, les déductions logiques des grands principes révélés au profit de l'ordre moral.

1206. La *science*, éclairée par la *foi*, peut parvenir à confirmer la *vérité religieuse*.

1207. « Le moment semble venu, moment admirable, dont nos enfants recueilleront les fruits et que nos pères ne prévoyaient pas, où la science et la religion, sœurs éternelles, se donneront la main ; où ces nobles sœurs, au lieu d'engager une lutte déshonorante et funeste, concluront une alliance sublime. » (*Herschell.*)

1208. Avec le temps, la *science* se trouvera unie à la *religion*.

1209. La *science*, fruit de l'intelligence humaine, obtiendra la *rédemption* de la peine *matérielle du travail*, tandis que la *foi* obtiendra celle de la *peine morale* au moyen de la *résignation*.

1210. La *science* et la *foi* parviendront à obtenir la *rédemption* complète de l'humanité dans ce monde d'expiation.

1211. Alors aura cessé l'antagonisme présent entre la *philosophie* et la *religion*, car la vraie philosophie sera identique avec la véritable religion.

1212. Alors la *raison humaine*, avec ses aspirations morales et ses conquêtes scientifiques, sera rentrée dans la sphère immense de la *raison divine*.

3° AUTORITÉ.

1213. La mission de l'*autorité*, c'est d'établir les conditions de l'ordre social.

1214. La formation de la loi constitue la souveraineté.

1215. L'exercice de l'*autorité* consiste dans la formation de la loi ou de la règle.

1216. « La question de l'autorité devient, dans l'ordre politique et social, la question fondamentale de la famille et de la société.» (*M. P. Leroux.*)

1217. Pour l'ordre permanent de l'humanité, l'autorité doit être *unique*.

1218. L'existence des nationalités et le défaut d'unité dans les lois sociales s'opposent à l'établissement de la véritable autorité et prolongent la période anarchique de l'humanité.

1219. Le pouvoir doit être *un*. Tout pouvoir fractionné devient anarchique.

1220. « L'autorité morale est indispensable ; l'autorité matérielle est insuffisante. » (*Comte de Vieil-Castel.*)

1221. « Le pouvoir spirituel doit se trouver à la tête du gouvernement de la société. » (*M. Guizot.*)

1222. Partout où il y a deux pouvoirs, il y a deux sociétés qui ne peuvent être tranquilles. » (*Bonald.*)

1223. « Le pouvoir est tout ensemble la raison, la volonté, la force de la société ; il est *indivisible* par son essence. » (*Lamennais.*)

1224. L'autorité ne doit pas être confondue avec la possession et l'exercice plus ou moins éphémères des moyens de gouvernement.

1225. Les conditions matérielles du *pouvoir* ne sont pas les conditions morales de l'*autorité*, qui constituent son droit.

1226. Il peut y avoir *pouvoir* sans *autorité*, mais l'*autorité* véritable donne naturellement le *pouvoir*.

1227. L'*autorité réelle* obtient l'obéissance et le respect ; le *pouvoir seul* produit la soumission.

1228. L'obéissance à l'autorité naît de la conviction ou du sentiment ; la soumission au *pouvoir* vient de la crainte.

1229. De l'essence diverse du *pouvoir* uni ou séparé de l'*autorité* naissent la *force du droit* et le *droit de la force*.

1230. L'*autorité*, par son essence morale, concentre le *pouvoir*; le *pouvoir*, par son essence matérielle, a besoin de l'*autorité*.

1231. Le *pouvoir* et la *souveraineté* émanent de l'*autorité*, et non pas l'*autorité* du *pouvoir* et de *la souveraineté*.

1232. Le *pouvoir*, ainsi que la *souveraineté*, doivent être *absolus*, et, comme tels, ils n'appartiennent ni à un individu, ni à une assemblée, qui sont relatifs et éphémères.

4° LIBERTÉ ET INÉGALITÉ.

1233. La *liberté* est une tendance naturelle qui, comme toutes les tendances naturelles, a besoin d'être subordonnée.

1234. La *liberté*, sans modérateur moral, conduit à l'anarchie.

1235. La *liberté*, sans modérateur moral, est aussi anarchique dans l'ordre économique que dans les ordres politique et religieux.

1236. La doctrine libérale est séductrice parce qu'elle est éminemment logique.

1237. De la logique de la doctrine libérale provient la tendance irrésistible de toutes les écoles libérales vers les mêmes résultats.

1238. Les divisions établies entre les écoles libérales répugnent à l'unité de leur principe.

1239. Toutes les écoles libérales sont plus ou moins révolutionnaires dans le fond, et lorsqu'elles parviennent au pouvoir, elles deviennent conservatrices de leurs conquêtes respectives.

1240. Les écoles libérales sont progressives dans l'opposition ; arrivées au pouvoir, elles deviennent stationnaires ou rétrogrades.

1241. L'erreur fondamentale de toutes les écoles libérales n'est pas dans la proclamation du principe de liberté, mais dans l'insistance à vouloir l'établir indépendamment du principe religieux.

1242. Beaucoup de maximes libérales ne sont fausses qu'en dehors du principe religieux dominant la société.

1243. La *liberté sociale* doit résulter de la conformité de l'organisation sociale avec les lois de l'ordre moral.

1244. La *liberté individuelle* repose dans la soumission de la raison humaine aux lois de l'ordre moral.

1245. La liberté sociale et la liberté individuelle supposent la subordination de la raison humaine à la raison divine.

1246. L'établissement de la *vraie liberté* sera impossible tant que la base religieuse sur laquelle elle doit reposer ne sera pas reconnue et acceptée.

1247. L'*autorité* et la *liberté* ne peuvent coexister que sous l'empire du principe religieux.

1248. Lorsque le principe religieux sera rétabli, l'association de la *liberté* avec l'*ordre* cessera d'être une utopie.

1249. « Si vous persévérez dans l'observance de ma parole, vous serez véritablement mes disciples; *vous connaîtrez* la *vérité*, et la *vérité* vous rendra *libres*, » a dit Jésus-Christ.

1250. *Liberté* suppose indépendance, et celle-ci n'existe point lorsque la passion domine.

1251. Celui qui, usant de la liberté, tombe dans l'erreur en l'ignorant, n'est pas libre, mais esclave de l'ignorance qui le domine.

1252. La *liberté*, pour les individus, consiste exclusivement à ne pas être assujettis au joug des passions et à être soumis à la loi religieuse.

1253. *Liberté individuelle* veut donc dire *soumission*.

1254. La véritable *liberté* consiste à dominer les passions qui empêchent de suivre librement la *vérité*.

1255. L'exercice de la *liberté* suppose la connaissance de la *vérité*, et pour cela la liberté est incompatible avec l'ignorance.

1256. La *liberté* est la manifestation de la pensée et de la volonté, et, comme telle, elle est naturellement variable dans ses manifestations.

1257. La *liberté*, dans ses manifestations ordinaires et successives, est relative aux passions et au degré d'instruction des individus.

1258. De ces considérations résulte la nécessité du régulateur moral et de l'instruction pour harmoniser avec l'ordre les aspirations naturelles vers la liberté.

1259. La base de l'inégalité des hommes se trouve dans leur propre inégalité intellectuelle et morale.

1260. Les inégalités dans l'instruction et l'éducation, chez les individus et chez les nations, sont la cause de l'inégale liberté dont ils jouissent.

1261. Un grand degré de *liberté*, ou la *véritable liberté*, ne peut être compatible qu'avec un degré supérieur d'*instruction* pour distinguer la vérité de l'erreur, et avec un degré élevé de *moralité* pour la suivre.

1262. La théorie de l'égalité des fortunes et des conditions, pendant la vie temporelle, est une utopie ridicule.

1263. « La sagesse d'en haut a ses sévérités, qui sont les inégalités sociales, dont la filiation providentielle se prouve invinciblement par l'inégalité des forces de l'intelligence. » (Journal l'*Assemblée nationale*.)

1264. « Les socialistes, quand ils promettent de les faire disparaître, ne savent que les exaspérer et les aigrir, et procèdent en ce sens à la manière des empiriques qui se chargent de guérir la lèpre et ne font que la répercuter. » (*Id.*)

1265. Les inégalités sont inévitables dans l'ordre social, car elles prennent leur source dans la nature subordonnée de la *liberté*.

1266. L'*égalité* des droits est incompatible avec l'inégalité intellectuelle et morale des individus.

1267. La *liberté*, pour les nations, suppose l'*unité sociale*.

1268. Pour que la *véritable liberté* règne chez les peuples, il faut qu'elle soit compatible avec l'*ordre*, et il n'y a pas de compatibilité possible en dehors de l'*unité* dans la loi morale.

1269. Le règne de la véritable *liberté* sera celui où l'*ordre* sera basé sur la loi *morale*.

5° DROIT.

1270. Le *droit* est l'expression de la *loi religieuse*.

1271. Sous l'empire de la loi matérialiste, le *droit*, ou ce qu'on appelle ainsi, l'emporte sur le *devoir*. Sous l'empire de la loi religieuse, c'est le *devoir* qui domine le *droit*.

1272. Le *droit* sort du *devoir*, et non pas le *devoir* du *droit*.

1273. Le véritable *droit* est un et invariable, car le *droit*, ainsi que le *devoir*, d'où il est issu, doivent reposer sur la justice absolue, qui est d'essence invariable.

1274. Le *droit*, pour la société, doit être le *devoir* pour les individus, et le *droit* de ceux-ci doit être le *devoir* de celle-là. Les mêmes rapports réciproques et corrélatifs doivent exister nécessairement entre les *devoirs* de la société et ceux des individus.

1275. Les *devoirs* individuels et sociaux augmentent en rapport de l'intelligence et de la moralité, car l'une et l'autre permettent d'apprécier leur véritable étendue.

1276. La responsabilité morale est en rapport de l'étendue des devoirs, et, par conséquent, en rapport du développement et du progrès de l'intelligence et de la moralité.

1277. Les conditions réciproques du *droit* et du *devoir*, et de ce dernier avec la responsabilité ou l'expiation, sont de simples conséquences logiques de la loi morale.

1278. Les véritables *droits* ne se donnent ni ne s'accordent : ils *sont*.

1279. Le *devoir social* reste ignoré pour aussi longtemps que la loi morale est méconnue ou dédaignée, et alors les véritables *droits* sont méconnus aussi.

1280. Dans les deux cas, la cause véritable du mal social est identique, car elle réside dans l'absence de la loi morale.

1281. Le *droit*, et non pas le pouvoir, est le seul souverain, et il est absolu comme tout ce qui est vrai.

1282. « La souveraineté du *droit* est la seule permanente et toujours la même. » (*M. Guizot.*) Oui, quand elle existera.

1283. « La souveraineté de la justice, de la raison et du droit, c'est le principe qui doit être opposé à la souveraineté du peuple. » (*M. Guizot.*)

1284. Mais le règne de la souveraineté du droit suppose l'anéantissement de tout protestantisme social par la connaissance et l'acceptation universelle de la loi morale, et la destruction du droit matériel, soit du sabre, soit des majorités.

1285. La notion exacte du *droit* rend ce mot synonyme d'*autorité* et complète l'idée morale que celle-ci représente.

6° LOI.

1286. Dans le monde physique, les lois *sont* ce qu'elles doivent être ; dans le monde moral, les lois *seront* ce qu'elles doivent être.

1287. Cette différence provient de ce que les *lois*, dans le monde physique, résultent de la *nécessité*, et de la *liberté* dans le monde moral.

1288. Dans le monde physique, qui est le monde des *faits*, l'harmonie ou l'ordre existe ; l'harmonie ou l'ordre, pour le monde moral, *sera* le résultat de la conformité des *actes* avec le *devoir*.

1289. Cette conformité ne peut s'obtenir que par l'acceptation universelle de la loi morale.

1290. Dans la période matérialiste, la loi est plus fréquemment l'expression d'un *besoin* que la prescription du *devoir*.

1291. Une *loi*, généralement parlant, ne peut être que l'expression de la *force* ou de la *justice*, et, par conséquent, elle ne peut avoir pour base que l'*échafaud* dans le premier cas, et la *religion* dans le second.

1292. Les véritables *lois*, expression de la justice, ne se forment pas : elles se *découvrent*.

1293. La *loi* ne doit jamais être l'expression d'une volonté ni individuelle, ni collective, car toute volonté émane d'un besoin, et la loi ne doit pas satisfaire des besoins.

1204. La véritable *loi* doit prescrire ce qu'on doit faire, et non pas satisfaire ce qu'on désire.

1295. La *volonté* doit être soumise à la *loi*, et non pas la *loi* à la *volonté*.

1296. La subordination de la *volonté* à la *loi* est un corollaire de la subordination de la *liberté* à la *justice*.

1297. Les véritables lois ne doivent jamais être conventionnelles et variables.

1298. Il n'y a pas de véritable loi sans sanction morale. Toutes celles qui en manquent sont des ordres ou des commandements du *pouvoir*.

1299. « La *loi*, et non pas le souverain, doit régner sur les peuples. » (*Massillon*.)

1300. La *loi*, dont l'essence est morale et l'origine divine, grandit en étendue avec le développement de l'intelligence humaine.

1301. L'étendue de la loi morale est toujours corrélative avec les droits, les devoirs et l'intelligence des individus ou des peuples.

1302. Le développement successif de la *loi morale* est une résultante de la liberté humaine éclairée par la raison divine.

1303. La *loi morale* n'est que la manifestation de la raison divine en rapport avec le progrès de l'intelligence humaine.

1304. Les codes des lois humaines de la période matérialiste constatent *ce qui est* ; le code de la loi morale constatera *ce qui doit être*.

1305. Pour que le code de la *loi morale* règne dans le monde, il faut que toutes les autres lois lui soient subordonnées.

1306. Le code de la loi morale a été déjà révélé ; mais les lois humaines qui régissent la société le rendent impraticable.

1307. « Tout homme porte en soi, dès son enfance, les principes générateurs de la question morale, et pourtant la question morale ne se pose que tard. » (*Jouffroy.*)

7° VÉRITÉ.

1308. Le nom de *vérité* se rapporte à deux ordres d'idées ou de connaissances dont l'origine, le sujet et l'importance sont tout à fait distincts.

1309. Ainsi qu'il y a deux ordres d'idées, ainsi il y a deux ordres de *vérités* : celles du monde *physique* et celles du monde *moral*.

1310. Les *vérités* de l'ordre *physique* sont relatives à la *matière* et à la connaissance de ses modifications au moyen des sens.

1311. Les *vérités* de l'ordre *moral* se rapportent à *l'esprit*, à ses facultés et aux connaissances indépendantes de l'intermède des sens.

1312. En résumé, les *vérités* de l'ordre *physique* se rapportent à l'existence des *corps* ; les *vérités* de l'ordre *moral* se rapportent à la vie des *âmes*.

1313. Les vérités de l'ordre physique constituent la *science*; les vérités de l'ordre moral se rapportent toutes, directement ou indirectement, à la *religion*.

1314. Les *vérités scientifiques*, acquises par l'intermédiaire des sens ou de l'organisme, ont une certitude *relative* à cet organisme ; les *vérités morales*, indépendantes de l'organisme, sont *absolues*.

1315. Les vérités morales sont *éternelles*, se rapportant à toutes les périodes de l'existence passée, présente et future ; tandis que la réalité des *vérités scientifiques* est seulement relative à l'existence actuelle.

1316. La *religion*, synthèse des vérités *absolues*, comprend le champ immense de la vie *de l'être* par excellence ou de l'*âme* immortelle, éternelle.

1317. Les *vérités morales* ont été déposées dans les âmes et se sont manifestées successivement depuis l'origine de l'humanité.

1318. La connaissance des vérités religieuses précéda, dans l'homme et dans la société, la découverte des vérités scientifiques.

1319. La connaissance des vérités religieuses a été primordiale et comme préalable à tout autre connaissance, parce qu'elle était de nécessité absolue pour l'homme et pour la société.

1320. La connaissance primordiale, ainsi que la

connaissance successive des vérités religieuses, constituent les révélations individuelles et universelles.

1321. L'homme et l'humanité, pendant la courte période de la vie terrestre, ne peuvent connaître de l'ensemble éternel des vérités religieuses que la partie relative à cette période et à la destinée générale des âmes.

1322. C'est pour cela que l'intelligence humaine n'a pas pu se rendre compte du mode de l'existence de la *suprême sagesse*, de la *suprême justice*, sans les revêtir de formes corporelles et panthéistiques.

1323. C'est pour cela que l'intelligence humaine ne peut pas se rendre compte de l'action et des rapports constants et universels entre la *suprême sagesse*, la *suprême justice* et les êtres humains.

1324. C'est pour cela que l'intelligence humaine ne peut pas se rendre compte d'un autre ordre d'existence que celui de la vie terrestre.

1325. La raison ne peut pas se rendre compte et encore moins expliquer *comment* une âme, revêtue d'un autre organisme ou servie par un fluide, peut pénétrer la pensée d'une autre âme ; mais *cela est*.

1326. L'organisme matériel empêche que notre âme puisse pénétrer la pensée autrement qu'au moyen des traductions qu'elle en fait par le langage, les signes ou des mouvements physionomiques difficilement saisissables.

1327. La perspicacité de quelques êtres privilégiés pour pénétrer et lire la pensée des autres dans des manifestations involontaires, fugitives et presque insaisissables, peut nous éclairer sur la faculté clairvoyante des âmes, malgré les chaînes de l'organisme.

1328. La clairvoyance de l'âme semble d'autant plus grande que les sens se trouvent plus paralysés ou engourdis, c'est-à-dire selon que l'engourdissement des sens laisse l'âme plus libre.

1329. L'histoire et la tradition des peuples constatent et confirment chez tous la connaissance de vérités religieuses.

1330. La vérité religieuse reste toujours au fond des âmes ; mais la raison travaille plus à l'étouffer qu'à la dévoiler.

1331. L'opinion prétendue éclairée de l'époque actuelle ne croit ni à l'origine divine, ni à l'existence, ni à la réalité *absolue* de la vérité religieuse.

1332. Ce qui semble autoriser, en apparence, les négations faites par la raison, c'est que la *vérité religieuse* ne se montre par des manifestations éclatantes que lorsqu'elle est socialement nécessaire.

1333. Le besoin de la vérité religieuse ne sera universellement senti par la génération présente que lorsque la *force matérielle* se reconnaîtra impuissante pour lutter contre l'*idée révolutionnaire*, née du libre examen.

1334. La *vérité morale* ne peut être découverte ni par les majorités, ni par aucune pluralité.

1335. La raison, désillusionnée par l'expérience, commence déjà à concevoir la nécessité de la vérité religieuse.

1336. Un temps viendra, et il ne semble pas éloigné, où la raison ratifiera la vérité révélée à l'homme et à l'humanité.

1337. Cette époque sera celle de la fusion et de l'alliance de la *foi* avec la *raison*, de la *croyance* avec la *science*.

1338. Pour parvenir à l'acceptation de la *vérité*, il faut détruire *à priori* les erreurs répandues par les prétendues sciences morales et politiques, ce qui suppose leur révision.

1339. Alors la raison comprendra ce que, jusqu'à ce jour, elle avait répugné à accepter.

1340. Alors la *science* ne contestera pas à la *foi* la connaissance des vérités de l'ordre moral.

1341. Alors disparaîtra aussi la dénomination contradictoire de *sciences morales*, car tout ce qui est *moral* est *absolu* et invariable, et les véritables sciences sont progressives.

1342. Les *vérités scientifiques*, patrimoine de la raison et expression synthétique de ses conquêtes successives, resteront bornées aux *vérités relatives*, aux phénomènes et aux faits qu'observe l'homme pendant son existence transitoire sur la terre.

1343. La suprématie de la *religion* sur la *science* résulte du sujet infini et éternel de la première, et du sujet borné et transitoire de la seconde.

1344. L'infériorité de la vérité scientifique provient de la durée fugace et transitoire de l'homme.

1345. A cause de la nature diverse de la *religion* et de la *science*, celle-ci doit se trouver subordonnée à celle-là.

1346. La mission de la *science*, c'est de conduire et de régler les *faits* physiques; la mission de la religion, c'est de régler et de diriger les *actes* moraux (1).

1347. Comme le règlement des *faits* doit être subordonné aux *actes*, ainsi la *science*, dans ses applications, doit se trouver subordonnée à la *religion*.

1348. La subordination de la *science* à la *religion*, loin de nuire au progrès de la première, contribuera à son développement.

1349. La lumière des *vérités absolues*, ou de l'ordre moral, est la seule qui puisse éclairer les sentiers du monde physique.

1350. La *science* a une mission *temporelle*; la *religion* a une mission *éternelle*.

---

(1) Voyez Prolégomènes : *Aph.* 65, 66, 101, 102, 103.

1351. *La science* est l'auxiliaire matériel de l'homme dans l'existence présente; la *religion* est son guide pour le conduire à la vie éternelle.

1352. L'existence temporelle n'étant qu'une courte période de la vie éternelle, la *science* ne saurait se passer de guide moral pour marcher vers la seconde.

1353. Lorsque la science veut agir seule pour diriger les hommes et conduire la société vers son but religieux, elle s'égare et se perd.

1354. Des prétentions de la science pour découvrir les vérités de l'ordre moral et guider l'homme sur la terre sont nées toutes les aberrations du *rationalisme*.

1355. « La raison ne suffit pas pour guider l'homme dans ses actions, parce que la raison n'est que la connaissance acquise par l'âme, la *lumière* et non la *vérité*. » (?)

1356. La raison humaine, extrêmement bornée dans ses conquêtes, ne peut pas connaître le *pourquoi* des lois morales révélées à l'homme.

1357. « Dans les questions d'origine primitive, de choses absolues, inconditionnelles, tout *pourquoi* est absurde. » (*Balmès.*)

1358. « L'intelligence, dans sa loi de développement progressif, doit passer par quatre périodes : l'*instinct*, la *raison*, l'*intuition* et la *clairvoyance*. » (?)

1359. « L'*instinct*, c'est l'expression des aspirations matérielles; la *raison*, c'est l'expression des aspirations sociales; l'*intuition*, c'est l'expression des aspirations du cœur, et la *clairvoyance*, c'est l'expression des aspirations de l'âme. » (?)

1360. « L'*instinct* est le premier degré de l'intelligence des êtres; la *raison* est comme la clairvoyance de l'instinct; l'*intuition* est comme l'instinct de la clairvoyance, et la *clairvoyance* est la connaissance parfaite. » (*Id.*)

1361. L'humanité, chez les peuples les plus avancés, n'est pas sortie de la seconde période de développement intellectuel, ou période de la *raison*.

1362. La lumière divine de la révélation conduit l'intelligence vers la troisième période, ou d'*intuition*.

1363. Le germe de l'*intuition* se trouve dans ce qu'on nomme *sentiment du cœur*, espèce d'instinct moral qui nous pousse vers le bien.

1364. « La lumière qui éclaire la raison varie selon le degré d'intelligence de l'individu qui la perçoit. » (?)

1365. La supériorité de l'*intuition* sur la *raison* caractérisera l'élévation de l'intelligence dans la troisième période de son développement.

1366. L'intelligence, dans la seconde période où elle se trouve aujourd'hui, ne peut découvrir que des vérités relatives à son existence temporelle.

1367. De l'état imparfait où se trouve encore l'intelligence humaine résulte l'insuffisance de la raison pour découvrir les lois morales.

1368. De l'*insuffisance* de la raison pour découvrir les lois morales, et de la *nécessité* de ces lois pour l'ordre social, résulte la nécessité de la VÉRITÉ RÉVÉLÉE.

8° HIÉRARCHIE.

1369. De cette différence essentielle entre le but respectif de la religion et celui de la science résulte la suprématie de la mission du prêtre sur celle du savant.

1370. L'association de la science et de la religion en opérera une semblable entre le savant et le prêtre.

1371. Alors deviendra complète et intégrale la mission de l'homme supérieur, agissant simultanément comme savant et comme prêtre.

1372. Alors sortiront d'un seul foyer les lumières destinées à éclairer et à moraliser l'humanité.

1373. De l'union de la *science* et de la *foi*, du *savant* et du *prêtre*, sortira la vraie législation sociale.

1374. De cette union, caractéristique de la plus haute synthèse qui se soit opérée par l'intelligence humaine, sortira une *nouvelle aristocratie* du *talent* et de la *vertu*, seule capable d'imprimer désormais l'estime et le respect.

1377. L'aristocratie primitive ou sacerdotale est tombée par la puissance militaire; l'aristocratie territoriale, par l'émancipation du sol, et l'aristocratie du capital tombera par l'émancipation du travail.

1378. Une aristocratie, expression de la *hiérarchie* constitutive de l'*ordre*, au lieu de l'*anarchie*, compagne de la *liberté*, devient indispensable dans les États modernes.

1379. *Toutes* les aristocraties étant tombées, et *une* aristocratie devenant nécessaire, celle de la *science* et de la *vertu* viendra remplir le vide laissé par les anciennes.

1380. L'aristocratie future, basée sur la science et la vertu, aura ses premiers chaînons dans la terre et les autres dans le ciel.

1381. La *hiérarchie* de l'aristocratie future sera *infinie* en nombre et *éternelle* en durée, car elle suivra, dans toutes leurs périodes d'existence, les âmes épurées.

1382. L'intelligence s'élevant et les âmes s'épurant des vices de la matière, rapprocheront l'être humain de la *Suprême sagesse*, de la *Suprême bonté*.

1383. Les âmes parvenues à cette haute hiérarchie morale, continueront en faveur de l'humanité la sainte mission qu'elles avaient commencé sur la terre.

1384. Cette aristocratie de science et de vertu est et sera l'intermédiaire bienfaisant entre l'humanité souffrante et Dieu miséricordieux.

1385. La *morale* suppose la réalité d'un ordre d'existence non matériel mais *moral*.

1386. L'idée qu'on se forme de la *morale* varie selon que l'on considère les actions relativement à la vie présente ou à la vie future.

1387. « La morale n'est claire, n'est complète que dans son alliance avec la religion. » (*Jouffroy.*)

1388. La *morale véritable* est incompatible avec le matérialisme ; car il n'y a pas de morale possible si l'âme n'est pas *immortelle*.

1389. La *morale*, ainsi considérée, repose sur la réalité de l'âme et sur la vérité d'une sanction ultra-vitale.

1390. La *morale moderne* ou *morale philosophique* s'est émancipée de la religion, de la même manière et par la même cause que la raison humaine.

1391. C'est pour cela qu'on fait dépendre la morale des lois et non par les lois de la morale.

1392. La philosophie moderne nie l'origine divine des lois morales.

1393. C'est pour cela qu'on a dit que « l'économie politique considérait les actions sous un autre point de vue que la morale. » (*J. B. Say.*)

1394. Un autre économiste (*Rossi*) a été assez franc

pour déclarer hardiment que « l'économie politique n'avait rien de commun avec la morale. »

1395. La maxime des économistes sort logiquement des protestations philosophiques de l'époque moderne, qui sont la base du matérialisme.

1396. Le règne du matérialisme est le règne des passions, et entre elles et la morale il y a complète opposition.

1397. La satisfaction des besoins matériels dégénère en vice, lorsqu'ils ne sont pas modérés par la raison soumise à la loi morale.

1398. La nécessité constante de modérer les passions réduit à sa juste valeur les jouissances qu'elles procurent.

1399. La durée éphémère des jouissances matérielles et les dangers qui les accompagnent en général, démontrent qu'elles ne sont pas essentielles pour le bonheur de l'homme.

1400. Les jouissances morales sont exemptes de ces défauts et de ces dangers.

1401. La *loi morale* domine pendant la durée des âmes ou, ce qui est la même chose, pendant l'*éternité*.

1402. La *morale* ayant sa base dans la justice, et celle-ci étant dépendante de la *religion*, il en résulte que la *morale dépend de la religion*.

1403. La *morale*, c'est l'accomplissement du *devoir*.

1404. Le *devoir* chez l'individu consiste à bien agir,

ce qui comprend le double but d'agir bien envers *soi* et envers les *autres*.

1405. Le manque d'accomplissement de ce double devoir amène une perturbation dans l'ensemble social.

1406. De ce principe il résulte que le *devoir* n'est pas borné à s'abstenir de faire du mal, mais qu'il prescrit impérieusement, à chaque individu, de *faire tout le bien possible*.

1407. La coopération de chaque individu au bien social doit être proportionnelle à l'étendue de ses moyens matériels et intellectuels.

1408. L'étendue du *devoir moral* et la responsabilité augmentent avec les moyens et les facultés.

1409. Par conséquent, aucun individu ne peut se considérer comme exempt de faire le bien.

1410. Toute négligence dans l'accomplissement de ce devoir envers la société, rend responsable l'individu envers elle.

1411. L'élément de justice absolue qui règne dans l'ordre moral, fait que tout acte conforme à celui-ci devient un bien individuel et collectif à la fois.

1412. Le bien individuel, résultat nécessaire, plus tôt ou plus tard, de l'accomplissement du devoir, constitue le prix ou la récompense.

1413. Le bien individuel, résultant de l'accomplissement du devoir, peut avoir lieu pendant la vie temporelle ou dans la vie future; mais il ne peut manquer, sous peine d'*injustice absolue*, ce qui est absurde.

1414. La *morale* peut exister en dehors de la *science* ainsi que la *science* en dehors de la *morale*, mais celle-ci est inséparable de la *religion*.

1415. Le seul lien durable entre les âmes réside dans la loi morale.

1416. La *morale religieuse* peut seule établir la concorde entre les intérêts individuels et l'intérêt général.

1417. En dehors de la loi morale il n'y a que des éléments de désordre et d'anarchie.

1418. Toute organisation politique ou économique, basée sur d'autres intérêts que ceux prescrits par la loi morale, est anarchique dans ses résultats et éphémère dans sa durée.

1419. Toute réforme politique, toute transformation économique, tout progrès, en un mot, devient inefficace pour la paix et l'ordre, en dehors de cette condition essentielle.

1420. La connaissance de ce devoir suppose l'acceptation du grand principe de la destinée humaine.

1421. Ce principe n'est encore qu'un problème pour le plus grand nombre des intelligences d'élite; il faut que de l'état de problème il passe à celui de démonstration.

1422. Il faut que le grand problème de la destinée

humaine cesse d'être une énigme et devienne une vérité comprise par tous.

1423. « Le problème de la destinée de l'homme ne peut légitimement s'enfermer entre la naissance et la mort. » (*Jouffroy*.)

1424. « L'homme ne peut s'arrêter à ses destinées individuelles ; il est obligé de s'occuper de celles de l'humanité. » (*Jouffroy*.)

1425. L'ère des révolutions sociales ne sera pas fermée tant que l'*ordre* ne sera pas basé sur la *loi morale*.

1426. Cette loi morale, inculquée à l'enfance par l'*éducation*, et démontrée plus tard à la jeunesse par l'*instruction*, constituera la base de l'ordre social futur.

1427. Mais la *loi morale* serait utopique si elle-même n'était pas fondée sur la réalité de la *sanction religieuse*.

1428. Car la *morale* est une règle, et toute règle doit nécessairement reposer sur une *sanction*.

SANCTION.

1429. L'idée de *sanction* dérive de celle de *loi*, à laquelle sont inhérentes les idées de peine et de récompense.

1430. Toute *sanction* se rapporte ou à la vie présente ou à la vie future, ce qui constitue la sanction *humaine* et la sanction *divine*, ou, en d'autres termes, la *sanction matérielle* et la *sanction morale*.

1431. L'expérience de tous les siècles a montré, tantôt avec des législations terribles, tantôt avec des législations douces, l'inefficacité de la sanction humaine pour punir et pour empêcher les contraventions à la loi.

1432. La *sanction humaine* ne peut tout au plus qu'atteindre les contraventions à la loi relatives à la vie publique des individus, et à des cas très-rares de la vie privée.

1433. Avec la sanction humaine seule, on peut même éluder l'action de la loi dans un grand nombre d'actes de la vie publique.

1434. Ainsi, le plus grand nombre des fautes restent en dehors de l'action des lois humaines.

1435. Une *sanction*, pour être efficace, doit avoir le caractère d'*inévitable* que ne possède point la sanction humaine.

1436. Une sanction efficace doit pénétrer jusqu'au fond des âmes pour découvrir les pensées, origine des actes.

1437. Avec la déclaration de l'athéisme de la loi, il n'y a pas d'appel à la justice éternelle contre l'injustice humaine.

1438. La *sanction ultra-vitale*, expression permanente et inévitable de la *justice éternelle*, est une condition nécessaire pour l'existence de l'ordre.

1439. La *réalité* de la sanction ultra-vitale est une conséquence de sa nécessité absolue ; car tout ce qui est absolument nécessaire pour l'existence de l'humanité existe nécessairement.

1440. La *sanction* ultra-vitale ou *sanction religieuse* doit être la base de toute législation efficace et durable.

1441. La garantie du serment, en dehors de la conviction dans une sanction morale ou ultra-vitale, est tout à fait nulle.

1442. Le serment, avec l'athéisme dans la loi, est un blasphème absurde.

1443. Le serment, en époque d'incrédulité, est une hypocrisie ridicule.

1444. Le serment, dans l'époque actuelle, ne peut servir que de masque pour tromper les crédules.

1445. L'inefficacité de la sanction matérielle ou humaine, est aujourd'hui reconnue par tous les jurisconsultes.

1446. L'inefficacité reconnue de la sanction pénale fait recourir à la législation préventive, qui devient aussi également inefficace par manque de base dans la sanction divine.

1447. L'inefficacité des législations pénales et préventives, confirmée par les récidives, inspira le système de moraliser les criminels.

1448. Après avoir exclu la religion des codes, on voulut l'introduire dans les prisons.

1449. L'enseignement de la loi morale dans les cachots

fut essayée comme remède contre l'enseignement de l'athéisme dans les écoles.

1450. Travailler à moraliser les criminels, lorsque la société reste soumise à une législation matérialiste et athée, c'est imiter le travail des Danaïdes.

1451. Tous les publicistes éminents ayant reconnu l'inefficacité de la sanction matérielle, ont fait appel à la nécessité de la sanction morale.

1452. « Sorti de la sanction religieuse, je ne vois plus qu'injustice, hypocrisie et mensonge parmi les hommes. » (*J.-J. Rousseau.*)

1453. « Les lois veillent sur les crimes communs, et la religion sur les crimes secrets. » (*Voltaire.*)

1454. « La perspective du châtiment modéré, mais auquel on est sûr de ne pouvoir échapper, sera toujours une impression plus vive que la crainte vague d'un supplice terrible, dont l'espoir de l'impunité anéantit presque toute l'horreur. » (*Beccaria.*)

1455. « C'est une vérité, que la raison et l'expérience confirment, que la crainte de la peine retient moins les hommes que la certitude de la punition. » (*Dupont.*)

1456. « La vertu serait la plus inconcevable folie, s'il n'existait une société plus excellente et plus durable où elle recevra sa récompense. » (*Lamennais.*)

1457. « La société serait dissoute si elle n'avait d'autres

liens que ceux de la crainte, d'autres craintes que celles du sang. » (*M. Guizot.*)

1458. La conviction générale de l'inefficacité de la sanction matérielle et les maux que cette inefficacité amène, feront connaître l'urgence qu'il y a de fonder la société sur la sanction divine, dédaignée par la raison humaine.

1459. Alors l'ordre social sera l'expression pratique de l'harmonie entre les actions humaines et la loi divine.

EXPIATION.

1460. L'ordre moral suppose l'harmonie entre les actions des individus et le bonheur de l'ensemble social.

1461. Lorsque l'harmonie est interrompue, soit par l'effet d'une mauvaise organisation sociale, soit par la faute de quelque individu, il y a perturbation ou *mal social* pour l'individu et pour la société.

1462. Les effets funestes (mal social) des causes perturbatrices, dans l'harmonie morale, sont fatales et inévitables, et constituent *l'expiation.*

1463. « Ces effets de la Providence divine s'exercent sur l'homme et sur tous les êtres de la même manière que sur les peuples, les nations et le monde entier. » (?.)

1464. Ces effets providentiels, soit partiels, soit généraux, constituent les expiations individuelles et les expiations collectives, expression constante de la *Justice éternelle.*

1465. Il y a donc deux catégories d'expiation : l'*individuelle* et la *collective*. Ces deux expiations sont réciproques.

1466. L'*expiation individuelle* peut avoir pour cause ou la faute de l'individu ou les défauts du milieu social qui l'entoure.

1467. L'*expiation collective* ou *sociale* provient toujours des vices de l'organisation.

1468. L'expiation individuelle peut avoir lieu ou pendant la vie temporelle ou dans la vie future.

1469. Le retard dans l'expiation, relativement à l'acte qui la mérite, offre les apparences de l'injustice.

1470. Ce retard n'est pas absolu, mais seulement relatif à la courte durée de la vie humaine, pendant laquelle nous voudrions que tous les actes subissent leur sanction.

1471. La diversité des périodes de la vie de l'âme, pendant lesquelles l'expiation s'accomplit, explique les injustices apparentes qu'offrent les existences temporelles relativement à l'expiation.

1472. L'erreur de nos appréciations sur la justice des expiations individuelles et même collectives, tient à notre manière inexacte d'apprécier la durée de la vie des âmes.

1473. Les lois éternelles et inévitables de l'expiation

ne peuvent être saisies, dans leur ensemble, par nos intelligences bornées.

1474. L'*expiation sociale* est successive pendant toute la période où l'âme reste ignorante de la vérité religieuse.

1475. « Les grandes catastrophes qui éclatent subitement au sein des sociétés corrompues sont des faits providentiels pour prévenir les hommes. » (?.)

1476. L'homme n'expie pas seulement ses fautes, mais aussi celles de l'humanité à laquelle il appartient, en souffrant les conséquences des vices sociaux.

1477. Cette solidarité ou double souffrance, impose à son énergie le double devoir de corriger ses propres fautes et celles de la société dont il devient aussi responsable.

1478. De la responsabilité commune à chaque homme pour souffrir des fautes des autres hommes, résulte le devoir moral, *pour tous*, de travailler à l'amélioration sociale.

1479. La part de bonheur qui revient à chaque individu, pour avoir travaillé à l'amélioration de l'ensemble social, transforme le devoir en profit.

RÉSIGNATION.

1480. La *résignation* possède la faculté féconde de rendre l'*expiation* méritoire.

1481. La *résignation* est une conséquence logique de la conviction en la justice de l'*expiation*.

1482. La *résignation* dans les souffrances conduit à l'espérance d'une *rémunération* future.

1483. L'espoir d'une rémunération future ramène la tranquillité de l'esprit au milieu des souffrances de la vie.

1484. De la croyance inébranlable dans la réalité d'une SAGESSE et d'une JUSTICE absolues et éternelles, se détachent, comme déductions infaillibles, la *résignation* et l'*espérance*.

1485. Le caractère méritoire que la résignation donne aux peines de la vie soulage leur douleur.

1486. C'est pour cela qu'il a été dit : « Vous ne pouvez, sans combat, acquérir la couronne de la patience. Si vous refusez de souffrir, vous refusez d'être couronné. » (*Imit. de J.-C.*)

1487. C'est pour cela qu'il est exact de dire que la *résignation* sanctifie les maux et les pénalités de la vie.

1488. C'est par la *résignation* que le travail perd son caractère pénible et la douleur sont intensité physique et morale.

1489. La *résignation* religieuse est le seul remède à opposer à la monstrueuse inégalité des conditions, fruit inévitable de la nature et de la société, qui empoisonne l'existence des classes malheureuses et menace celle des classes aisées.

1490. C'est par la *résignation religieuse* seulement qu'on peut parvenir à établir un équilibre moral qui évitera les dangers du manque d'équilibre matériel.

1491. La *résignation religieuse* est aussi nécessaire aux classes malheureuses qui vivent dans la misère matérielle, qu'indispensable aux classes aisées qui languissent dans la détresse morale.

1492. La résignation religieuse est non-seulement utile, mais indispensable comme seul correctif des souffrances physiques et morales, qui sont inhérentes à la vie temporelle et l'effet nécessaire d'une juste expiation.

1493. L'absence de *résignation* chez les classes nécessiteuses menace directement l'ordre social, et chez les classes aisées éteint le sentiment de charité.

1494. L'extinction de la charité et de la résignation oblige à soutenir par la *force* un ordre social qui devait reposer sur le *devoir*.

1495. L'absence de *résignation* dans les classes riches les pousse vers l'abîme des jouissances matérielles, au fond duquel vivent le *spleen* et le désespoir, se nourrissant du suicide.

1496. Le contraste entre la richesse et la pauvreté, sans

modérateur religieux, pousse des deux côtés à l'exaspé-ration et à la révolte.

1497. L'extinction des sentiments religieux et la fausse acception donnée aux mots de *liberté* et d'*égalité*, four-nissent au *socialisme* moderne les armes les plus dan-gereuses.

1498. Ce danger éminent rend extrêmement urgent d'enraciner dans les cœurs les sentiments religieux de la *résignation* et de la *charité*, en dehors desquels *il n'y a pas de salut pour l'humanité.*

1499. Tous les hommes et tous les peuples de la terre sont intéressés à cette immense régénération, *seule digue* contre l'envahissement rapide d'une fausse civilisation, *seul remède* contre l'anarchie universelle qu'elle répand partout.

RÉDEMPTION.

1500. L'homme, en travaillant pour l'amélioration de ses semblables, travaille dans le champ de la *rédemption* universelle, qui est sa mission religieuse sur la terre.

1501. Il y a deux ordres de *rédemption* pour l'huma-nité en général et pour l'homme en particulier : l'une se rapporte à la *peine du travail ;* l'autre à la *souffrance du malheur.*

1502. La *rédemption* de la peine du travail sera la conquête suprême de l'intelligence humaine sur la ma-tière, au moyen de la *science.*

1503. La *rédemption* de la souffrance du malheur est la conquête suprême de la prière, au moyen de la *résignation*.

1504. L'homme est donc destiné à obtenir la rédemption matérielle et la rédemption morale de l'humanité, au moyen de la *raison* et de la *foi*, de la *science* et de la *religion*.

1505. La rédemption de la souffrance et du malheur sera la récompense de la période d'expiation et de résignation.

1506. La rédemption, conquête de l'homme vertueux et dévoué, mettra fin à une vie d'épreuves.

1507. La chute, l'expiation et la rédemption, forment donc les trois périodes progressives des âmes.

1508. Ces trois périodes, représentées par des symboles et des mythes, dans les religions anciennes, sont devenues des vérités claires et incontestables par le christianisme.

1509. Au moyen de ses lumières, les problèmes de la vie et de la destinée des âmes reçoivent une solution satisfaisante.

1510. Ainsi devient évidente la mission religieuse de l'homme sur la terre, durant la vie transitoire d'épreuves et d'expiation.

V. CONCLUSIONS

1511. Pendant la première période de l'humanité, la *pensée* de l'homme était guidée par la *Sagesse éternelle.*

1512. La *Sagesse divine* suppléa ainsi, dans les premiers temps, l'inexpérience de la *raison* et l'ignorance de l'*intelligence* humaine.

1513. Les idées, dans la première période de l'intelligence humaine, furent *intuitives* ou inspirées par *Dieu.*

1514. La *révélation* date de l'enfance de l'humanité.

1515. L'histoire successive de l'humanité est l'histoire de la *pensée*, tantôt secondée par la lumière divine, tantôt émancipée d'elle.

1516. Pendant la première période, la *raison*, dans l'enfance, se soumettait docile à l'inspiration divine.

1517. Au fur et à mesure que la *raison* avança en connaissances, son orgueil et sa vanité grandissaient aussi.

1518. Un faux jugement, inspiré par la vanité, lui donna le *doute* sur tout ce qu'elle ne comprenait pas.

1519. L'état de *doute*, répugnant à l'essence de la raison, qui cherche toujours à *savoir*, l'amena à la *négation.*

1520. La *raison* se croyant indépendante, parce que la pensée était *libre*, se déclara *souveraine*.

1521. Dès lors, la *raison nia* tout ce qu'elle ne pouvait pas comprendre.

1522. Le vide immense que ce système produisit autour d'elle la força bientôt à le remplir, en grande partie, avec des systèmes de son invention.

1523. La raison, se croyant capable de tout expliquer parce qu'elle osait tout examiner, protesta contre les idées non acquises directement par l'observation ou l'expérience.

1524. Chaque ordre de *protestation* amena un ordre corrélatif de *négations*, et c'est ainsi que se sont formées les négations *religieuse*, *politique* et *sociale*, au milieu desquelles se débat la société moderne.

1525. Ces *trois négations*, dans leur développement intégral, sont respectivement représentées par le *matérialisme*, le *libéralisme* et le *socialisme*.

1526. La dernière de ces trois manifestations les comprenant toutes, constitue l'expression intégrale de la *négation* caractéristique de l'époque.

1527. L'émancipation de la *pensée* de la tutelle religieuse conduisit à séparer le pouvoir temporel du pouvoir spirituel, qui étaient réunis dans la société ancienne.

1528. Les deux premières grandes conséquences de cette séparation furent l'anéantissement de l'autorité morale ou du principe d'autorité, et la prédominance des intérêts matériels.

1529. Les peuples, orphelins d'autorité et excités par les tendances matérielles, adoptèrent les systèmes politiques et économiques que leur suggéra la raison.

1530. Dès lors, le principe de *liberté* fut proclamé et se substitua à celui d'*autorité*, sur lequel avait été fondé l'ordre religieux, politique et économique des nations anciennes.

1531. Ainsi parvint à s'établir la pratique de la *liberté* dans la religion, dans la politique et dans les institutions économiques des peuples.

1532. Mais comme la véritable liberté ne peut exister étant séparée de la *vérité religieuse*, celle établie par la raison devint anarchique.

1533. Le défaut de base morale à la *liberté* moderne la rendit incompatible avec l'*ordre*.

1534. De cette incompatibilité est résultée, pour tous les gouvernements chargés de maintenir l'*ordre*, la nécessité constante de comprimer la *liberté*.

1535. De là surgit l'antagonisme permanent qui existe entre la *liberté* et l'*ordre*.

1536. Une semblable opposition existe aujourd'hui entre l'*ordre* et le *progrès*, parce que celui-ci étant un produit immédiat de la *liberté* moderne, participe de ses caractères anarchiques, par défaut de modérateur moral.

1537. Ces antagonismes et ces tendances naturelles et puissantes des peuples vers le progrès, enfantent les rébellions contre le pouvoir.

1538. Le défaut de base morale dans les sociétés modernes, et les tendances matérialistes soutenues par la liberté, donnent à la rébellion un point d'appui dans les constitutions mêmes.

1539. Ce vice radical des gouvernements modernes rend indispensable l'*autorité de la force*, contre laquelle, cependant, proteste la *raison*, déclarée *souveraine*.

1540. De cet ensemble de contradictions et d'impossibilités pour l'ordre, en dehors de la force, naît l'anarchie sociale, qui demande impérieusement un remède.

1541. Le véritable progrès de l'humanité, et l'accord de la liberté avec l'ordre, s'obtiendront en suivant une voie distincte de celle parcourue aujourd'hui.

1542. Cette voie a été enseignée par la dernière révélation divine.

1543. Le code évangélique contient les bases et les principes de la réforme morale que réclame la société.

1544. Jusqu'à ce jour, la connaissance de ce code n'est pas assez répandue, et, en outre, les institutions créées par la raison humaine le rendent impraticable.

1545. La *raison*, égarée faute de guide moral, a proclamé et établi des principes contraires aux maximes évangéliques, et sur lesquels on a bâti l'édifice de la civilisation moderne.

1546. Dorénavant, les gouvernements et les individus doivent concentrer leur efforts vers l'amélioration morale.

1547. Les intérêts matériels doivent être relégués dans la sphère secondaire qui leur appartient.

1548. Pour suivre la nouvelle voie, il faut la conviction profonde que l'*existence temporelle* n'est qu'une courte période d'épreuve et d'expiation de la *vie éternelle*.

1549. De cette vérité il résulte, que pour progresser réellement vers la *vie éternelle*, il faut que l'existence temporelle soit *méritoire*.

1550. Pour que l'existence devienne *méritoire*, il faut qu'elle soit de *charité* et de *résignation*.

1551. La *charité*, dans son développement intégral, comprend *l'amour de l'humanité*.

1552. L'*amour de l'humanité* implique le *devoir* de se dévouer à son amélioration matérielle et morale.

1553. L'*amour de l'humanité* rend faciles tous les sacrifices qu'elle impose à l'individu.

1554. En travaillant assidument à l'amélioration

individuelle, on travaille, sans s'en apercevoir, à l'amélioration sociale.

1555. Par ce moyen admirable, la Providence rend *facile* et *méritoire* la mission religieuse de l'homme sur la terre.

1556. L'accomplissement de la mission religieuse a pour résultat infaillible la diminution de l'expiation individuelle et l'avancement du progrès social.

1557. En donnant cette base au progrès social, le progrès purement matériel des sociétés modernes perdra son caractère anarchique en se subordonnant à la loi morale.

1558. Plaçant en première ligne la *morale*, et en lui subordonnant toutes les conquêtes de la *science*, celle-ci fera dans peu de temps des progrès immenses, exempts de danger pour la société.

1559. Alors les applications des découvertes en faveur de l'humanité seront réelles et non pas utopiques.

1560. La pratique de la *loi morale* tarira la source de toutes les contradictions économiques et anarchiques de l'époque actuelle.

1561. L'observance de la *loi morale*, par les gouvernements et par les individus, éteindra les hostilités qui règnent aujourd'hui entre le *pouvoir* et la *liberté*.

1562. De l'adoption sincère du principe moral, basé sur

l'idée religieuse de la vie éternelle, surgira, complétement rédigé, le code social de l'humanité.

1563. Car, comme il a été dit, les lois *se découvrent* et ne *se forment pas*.

1564. Pour que l'humanité parvienne à l'adoption de la *loi morale*, elle doit passer par toutes les périodes d'*expiation* et de *repentir*.

1565. Les nations civilisées sont déjà entrées dans la première de ces périodes, en souffrant les effets anarchiques du progrès matériel.

1566. En réfléchissant sur le caractère envahissant de la cause du mal, on peut reconnaître l'étendue immense que prendra l'expiation sociale.

1567. L'arrivée de la période d'une grande expiation sociale a été prédite par les penseurs de toutes les écoles.

1568. Mais au milieu des signes précurseurs de l'orage, on aperçoit le port de salut.

1569. La *réaction religieuse* dans les âmes est un fait incontestable de la période actuelle.

1570. Cette *réaction* se montre sous des formes diverses qui, bien des fois, n'ont de commun que l'*aspiration*.

1571. La diversité de formes que prend aujourd'hui l'*aspiration religieuse* exerce une grande influence sur les passions et les préjugés.

1572. Quelle que soit la forme que prend l'aspiration religieuse, elle sera toujours respectable et digne d'attention.

1573. La *raison divine* interviendra sans doute, comme elle est intervenue toujours, pour diriger l'humanité et la sauver contre ses propres aberrations.

1574. La *charité* ou la pratique constante du bien, une *foi* vive dans la sagesse éternelle, et une *espérance* profonde dans un meilleur avenir, coopéreront au grand œuvre de la *rédemption sociale*.

1575. La soumission de la *raison* à la *loi religieuse* constituera la troisième période de l'intelligence ou de la *pensée* humaine.

1576. La *pensée*, éclairée par la lumière divine, découvrira alors, par *intuition*, des vérités nouvelles que la raison seule n'aurait jamais aperçues.

1577. Le développement intégral de l'intelligence, au moyen de l'*intuition*, ne semble pas possible dans la présente vie temporelle des âmes.

1578. La prédominance de la matière dans l'organisme humain, et son influence sur la vie de l'âme, s'opposent à l'intégralité de son développement *intuitif*.

1579. C'est probablement pour cela qu'on n'observe des phénomènes d'*intuition* que dans quelques esprits épurés par la vertu, dans l'extase et pendant la paralysie passagère de la vie sensitive.

1580. Il y a donc lieu de croire que l'*intuition*, au troisième degré du développement de l'intelligence, n'aura lieu que dans la vie future.

1581. L'histoire de la *pensée*, dans la vie présente de l'humanité, n'a traversé encore que deux périodes, qui constituent son enfance et sa jeunesse.

1582 Dans sa troisième période, l'humanité doit se remettre à rétablir le *principe moral*, qui lui avait été donné par la SUPRÊME SAGESSE, et duquel l'avaient abaissée l'orgueil et la vanité de la raison.

1583. La reconstitution du *sentiment moral* conduira la *pensée humaine* au troisième degré de son développement intellectuel et providentiel, qui sera de l'INTUITION dans la *vie* ÉTERNELLE.

FIN.

TABLE DES MATIÈRES

TABLE.

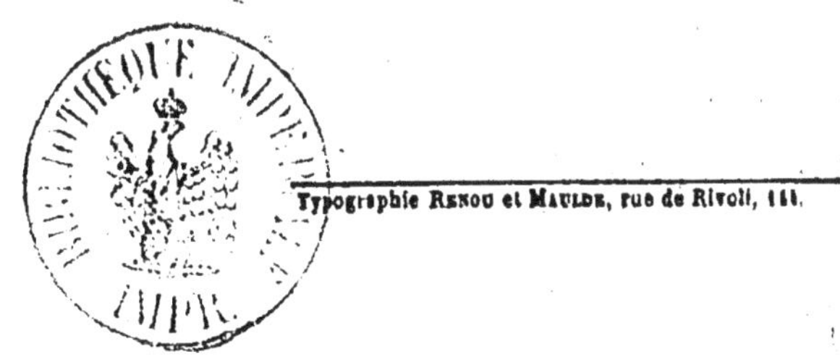

Typographie Renou et Maulde, rue de Rivoli, 111.

PROSPECTO

de una edicion completa de las principales obras publicadas por el autor

Y DE OTRAS INÉDITAS

Formando 26 volumenes grande en 8º y 3 de atlas, en folio.

———

Cinco meses en los Estados-Unidos de la América del Norte ; Diario de Viage en 1835 ; con adiciones.

Relacion del Viage á Holanda y Bélgica en 1838 ; con adiciones.

Lecciones de Economía social, dadas en el Ateneo de Madrid, en 1859 ; con adiciones . . . .

Historia Economico-politica y estadística de la Isla de Cuba, continuada hasta 1859 . . . .

Historia física. Geografía, clima, etc., con el atlas geográfico, *en folio.*

— Zoología y Botanica . . . .

Atlas de estas dos partes, 2 vol., folio.

Exposiciones. Resúmenes de los informes publicados por el autor sobre las exposiciones de Paris, Bruselas, Mauncia y Londres.

Estudios economicos y sociales (en parte inéditos)

El Mal y el Remedio. Aforismos . . . .

Comentarios á los Aforismos (*inedita*) . . . . . .

Las dos logicas : Teoria materialista y teórica espiritualista (*inedita*) . . . .

Refutacion de la Ciencia materialista, con motivo de la obra de M. Flourens : la *Vida y la Inteligencia* (*inedita*) . . . .

Miscelanea. Artículos publicados en varios periódicos : correspondencia científica y filosófica.

———

PRECIO de la Coleccion completa, con los 3 Atlas . . . . . . Pesos F. 101

Id. menos la Historia física y los Atlas.

Paris. — Impr. Renou et Maulde, r. de Rivoli, 144.

www.ingramcontent.com/pod-product-compliance
Ingram Content Group UK Ltd.
Pitfield, Milton Keynes, MK11 3LW, UK
UKHW020136130726
13696UKWH00001B/376